Jakob Wychgram

Charlotte von Schiller

unikum

Jakob Wychgram

Charlotte von Schiller

ISBN/EAN: 9783845742144

Erscheinungsjahr: 2012

Erscheinungsort: Bremen, Deutschland

www.unikum-verlag.de | office@unikum-verlag.de

Bei diesem Titel handelt es sich um den Nachdruck eines historischen, lange vergriffenen Buches. Da elektronische Druckvorlagen für diese Titel nicht existieren, musste auf alte Vorlagen zurückgegriffen werden. Hieraus zwangsläufig resultierende Qualitätsverluste bitten wir zu entschuldigen.

Jakob Wychgram

Charlotte von Schiller

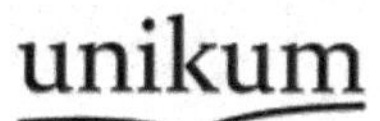

Charlotte von Schiller

von

Jakob Wychgram

Mit fünf Kunstdrucken.

Bielefeld und Leipzig
Verlag von Velhagen & Klasing
1904.

Vorbemerkung.

Charlotte von Lengefeld lebt in der Erinnerung der Nachwelt nur als die Gattin Schillers. Darum wird auch der Biograph ihrer so gedenken müssen. Aber gerade weil diese Frau so eng mit dem Leben des großen Mannes verbunden gewesen ist, scheint es nicht möglich sie darzustellen, ohne manche Einzelheit aus dem Leben Schillers als bekannt vorauszusetzen. Ich verweise darum meine Leser auf meine größere Schillerbiographie.*)

Berlin, im Sommer 1904.

Dr. Wychgram.

*) Wychgram, Schiller. Vierte Auflage. Leipzig und Bielefeld 1902. Velhagen & Klasing. — Von diesem umfangreichen Werke ist für das Jubiläumsjahr eine gekürzte Volksausgabe im selben Verlage erschienen.

Charlotte Schiller, geb. von Lengefeld.
Gemälde von Ludovike Simanoviz.

I.

Mädchenjahre.

In dem stillen Tal von Rudolstadt haben sich die Kinderjahre Charlottens von Lengefeld abgespielt. Zwischen Wiesen schlängelt sich die Saale dahin, und den Blick begrenzen von allen Seiten sanftlinige Berge. Heute ist dieses Tal dem Weltverkehr vielfach erschlossen, Dampfwagen, die die rascheste der Verbindungen zwischen Nord und Süd herstellen, durchbrausen es fast stündlich. Damals führte noch nicht einmal eine Kunststraße an Rudolstadt heran. Die Ankunft eines Fremden war ein Ereignis, und das Dasein vollzog sich in jener Stille, die entweder den Philister oder den durch Reflexion sich selbst ausgestaltenden bedeutenden Menschen erzeugt.

„Ein einziger Tag meines früheren Lebens," sagt Charlotte in ihren Aufzeichnungen, „ist die Geschichte aller. Dieser Gewohnheit an das Einförmige danke ich in späteren Jahren viel Genuß. Ich lernte dadurch auf mir selbst zu ruhen." Und es mag sein, daß die Geschlossenheit des Wesens, das ruhige Gleichgewicht, das sich bei all den reichen späteren Eindrücken und bei aller geistigen Empfänglichkeit und Beweglichkeit stets als der hervorstechende Zug in ihrer Persönlichkeit zeigt, in jenen still dahinfließenden Kinderjahren schon sich gebildet hat.

Charlotte stammte aus altansässigem thüringischem Adelsgeschlecht. Nicht reich begütert, aber gediegenen Wohlstandes sich freuend hatten ihre Vorfahren väterlicherseits in militärischen und bürgerlichen Ämtern Tüchtiges geleistet. Wie Schillers Vater in späteren Lebensjahren sich dem Forstfach zuwendete, so hat Karl Christoph von Lengefeld dem Forstwesen die Arbeit seines ganzen Lebens gewidmet: von 1743 bis zu seinem Tode (1776) war er Oberforstmeister des Fürsten von Rudolstadt. Der Ruf seiner Tüchtigkeit drang weit über das kleine Land hinaus. Des Markgrafen Friedrich Wilhelm von Brandenburg-Schwedt weite Waldungen in forstmännisch richtigen Betrieb zu setzen, war ihm eine gern ergriffene und glänzend gelöste Aufgabe; aber den Anträgen dieses Fürsten, bei glänzendem Gehalt ganz in seine Dienste zu treten, widerstand er; die Anhänglichkeit an die Heimat und an den heimischen Fürsten, bei dem man „freier reden" durfte, überwog. Noch einmal trat das Schicksal mit verführerischen Aussichten an ihn heran: er wurde i. J. 1763 zu Friedrich dem Großen nach Leipzig beschieden, und das Gespräch, das der König mit ihm führte, hat er uns selbst aufbewahrt: „Nach einem kurzen Verweilen wurde gerufen und Seine Königl. Majestät redeten mich folgendergestalt an: ‚Ich habe Ihn kommen lassen, Er soll mir meine Marken in Ordnung bringen, Kämpe anlegen, Holz ansäen und neue Schläge einrichten' und dergleichen mehr, welches eine gute Zeit dauerte. Unter anderem auf die Vorstellung meines Unvermögens auf allerley weise rc. erfolgt die Antwort ‚Er verstehet es.' Daß die Ausmessung höchst nötig sey rc. ‚Meine Ingenieurs brauche bey der Armee, Er soll aber die Plane haben.' Daß dergleichen Holz Anbaue nicht alle geraten wollten. ‚Wo gefolget worden, ist alles geraten, weil Er es versteht.' Daß es eine zu wichtige Arbeit werde. ‚Ich weiß Er schreibt gut, und mir darf Er nur kurz schreiben, und hat mit niemand anders zu thun, weil die Cammern unter Ihn seyn sollen.'" Und so drängte König Friedrich weiter, hohe Stellung und ein Gehalt von 6000 Talern anbietend. Aber auch diesmal siegten die Neigung zur Heimat und ein ehrenvolles Schreiben des Rudolstädter Fürsten.

Er ist ein tatkräftiger Mann gewesen, dieser Oberforstmeister von Lengefeld. Durch einen frühzeitigen Schlaganfall – der den noch nicht Dreißigjährigen traf – am rechten Arm und linken Bein gelähmt, so daß er auf allen Wegen von seinen Jägern, „deren er zahlreiche hatte," geführt werden mußte, war er doch unablässig im Dienste. Am frühesten Morgen bereits, noch ehe die Seinigen aufgestanden waren, ging er in die Wälder, besah die Schläge, ordnete die Rodungen an.

Charlottens Mutter war achtundzwanzig Jahre jünger als der Vater. Aber es war eine sehr glückliche Ehe, die die Achtzehnjährige mit dem Sechsundvierzigjährigen 1761 begann. Auch Fräulein Luise Juliane Eleonore Friederike von Wurmb, so war ihr Mädchenname, gehörte einem alten Geschlechte an; aber die Glieder ihrer Linie lebten in beschränkten Vermögensumständen. Sie brachte die Sparsamkeit und Umsicht, zu denen solche Umstände zwingen, mit in die Ehe, so daß sie ihrem Hausstand in vorbildlicher Weise vorstand. Aber auch die höheren Eigenschaften waren reich entwickelt. Allen Menschen, mit denen das Leben sie in Verbindung brachte, trat sie mit gütigem Herzen entgegen; und allgemeine Verehrung war die Antwort darauf. Überall bedacht, klare Verhältnisse um sich zu haben, weil nur durch sie der Mensch imstande sei aufrecht durchs Leben zu gehen, wollte sie ihr und der Ihren Geschick auf die solidesten Grundlagen stellen, und als solche sah sie ganz besonders die Übereinstimmung aller Handlungen mit den erprobten Grundsätzen der Religion und der von den Besten gebilligten bürgerlichen Moral an. Das hat wohl hie und da, zumal als sie später Erzieherin der rudolstädtischen Prinzessinnen geworden war und eine besondere charge d'âmes übernommen hatte, zu starker

Betonung der „Konvenienzen" geführt, aber die letzte Richtschnur ihres Handelns ist immer das Glück der anderen gewesen. Eine überaus getreue Mutter, und als solche das Vorbild, zu dem alle jungen Mütter ihres Kreises ehrfurchtsvoll aufschauten, gehörte sie doch nicht zu jenen sehr zahlreichen Frauen, die glauben, den Mann vernachlässigen zu dürfen, um den Kindern zu leben. Sie hat vielmehr das größte Gewicht darauf gelegt, Gedanken und Beruf des Mannes zu teilen; sie war täglich mit ihm in den Forsten und am Arbeitstisch, und Charlotte hat in ihren Kinderjahren durch sie das Bild einer fast vollkommenen Ehe in sich aufgenommen. In den Briefen jener Kreise – selbst der fernerstehenden – heißt sie nicht anders als „chère mère"; mit leichtem Scherze über die Frau, die, wie wir sehen werden, um der Zukunft ihrer Tochter willen selbst noch mit ihr in französische Lande zog, verband sich in jener stehenden Bezeichnung die Verehrung und Zuneigung aller.

So hat Charlotte das gleiche Glück gehabt, wie ihr Gatte: sie ist unter der Obhut vortrefflicher Eltern aufgewachsen, in denen sich bürgerlich praktische Tüchtigkeit und reiches Gemütsleben zu schönem Einklang verband.

Als die Tochter dieses wohlgegründeten Hauses ist Charlotte von Lengefeld am 22. November 1766 geboren; eine Schwester war um dreiundeinhalbes Jahr älter: Karoline, die nachherige Frau Wilhelms von Wolzogen, an Antlitz und innerem Wesen ihr unähnlich, aber durch das Leben und durch die Anziehung der Gegensätze ihr eng vertraut geworden. Auch einen Bruder haben Lotte und Karoline gehabt; aber er ist in ganz zartem Alter gestorben. Zusammen mit den beiden Schwestern wurde eine etwas ältere Cousine, Amalie von Lengefeld, erzogen.

Es entsprach dem ernsten, auf die wahren Werte des Lebens gerichteten Sinne des Vaters, seinen Töchtern eine gediegene Erziehung zu geben, und die Mutter ging um so lieber auf diese Absicht ein, als sie sich nach der Lage der Dinge auf eine frühe Witwenschaft gefaßt machen mußte, die für die Töchter die Notwendigkeit wirtschaftlicher Selbständigkeit nach sich zog. Es wurde ein Lehrer gehalten, der regelrechten, auf Vor- und Nachmittag gelegten Unterricht erteilte. Eine gewisse Neigung zum Verweilen bei einmal Begonnenem, eine Abneigung gegen rasche Übergänge, die ihrem ruhigen, nach innerem Gleichgewicht verlangendem Wesen entsprach, scheint die von ihr selbst berichtete Tatsache anzudeuten, daß sie ungern die Stunde schlagen hörte, wenn der Lehrer eine „neue Materie des Unterrichts begann“. Sie hat übrigens dem geregelten Unterricht wenig Geschmack abgewinnen können; selbst Französisch, das ein eigener „Sprechmeister“ erteilte und zu dessen Erlernung eine Zeitlang eine Französin gehalten wurde, gefiel Charlotte wenig, wenngleich uns die erfreute Äußerung eines Onkels, aus einem Brief an die chère mère, erhalten ist: „Es freut mich, daß die Möpsgens so schön französisch lernen." Dagegen neigten beide Schwestern zu künstlerischer Betätigung: Charlotte hat recht gut gezeichnet, und Karoline war musikalisch veranlagt.

Das Beste aber zur allmählichen Bildung des Geistes kam, wie damals und heute so oft, nicht durch den Unterricht, sondern durch stille Miterzieher: Natur, Menschen, Bücher. Wir schilderten schon das stille und schöne Rudolstädter Tal. Das Haus, in dem die Familie wohnte – es gehörte dem Gemahl der Frau Charlotte von Stein, der berühmten nachherigen Freundin Goethes – lag außerhalb der geschlossenen Stadt, am Ostabhange des Hügels, auf dem das weit ins Land schauende Schloß liegt, in freier Umgebung. „Vor uns lag ein fürstliches Lustschloß und rechts eine alte Kirche, deren schöner Turm mir manche Phantasien erweckte, und das Geläute der Glocken, das ich zu allen Stunden hörte, stimmte mich oft ernst und melancholisch. Ich stand stundenlang an meinem Kammerfenster, sah in die dunklen Fenster des Turms hinein, hörte den Glocken zu und sah die Wolken am Himmel sich bewegen. Mein Horizont war frei. In der Ferne sahen wir schöne Berge und ein altes Schloß auf dem Berge liegen, das oft das Ziel meiner Wünsche war. Ich stellte es mir auch gar zu hübsch vor, über die Heide, so hieß die Reihe von Bergen vor meinen Augen, zu wandern und da neue Dörfer, eine neue Welt zu suchen. Auch eine Hängebirke, die in einem der Gärten stand, die ich aus meinen Fenstern, meiner kleinen Welt, übersehen konnte, hat mir viel Anlaß zu Betrachtungen gegeben." In dieser anmutigen Wald- und Berglandschaft sind die Mädchen weidlich umhergestreift; der Vater, selbst durch seinen Beruf der Natur dankbar verbunden, wünschte es, um der Gesundheit nicht minder als um der heilsamen inneren Wirkungen willen, die dem freien Spiel in der Natur entspringen; allerlei kleinen Unfällen, zerrissenen Kleidern, Abstürzen in die Dornen, Beulen und Quetschungen ließ man getrost ihre bildende Kraft. Dabei gingen alle die einfach ursprünglichen Tätigkeiten der Landkultur in den Anschauungskreis der Kinder ein: „Es war uns eine eigene Freude, die Ernte einfahren zu sehen, und an diese wiederkehrende Freude knüpften wir unsere Erinnerungen. Bald helfen wir Gemüse aufzubewahren, bald das Obst für den Winter legen, bald helfen wir einmachen. Alles wurde uns wichtig, und es wurde mit einer Art Wichtigkeit behandelt, wovon man nur in einer einfachen Lebensweise einen Begriff hat. Das ganze Haus hatte nur einen Gesichtspunkt bei einem ökonomischen Feste; alles war beschäftigt."

Von den Menschen stand weit im Vordergrunde der Vater. „Alles geschah für ihn, und um ihn lebten wir alle am liebsten. Er war heiter, gesprächig, hatte viel Witz, Lebhaftigkeit des Geistes und etwas Genialisches in seinem ganzen Wesen und Treiben." Vielbeschäftigt, gab er sich in den kurzen Stunden, die er der Familie widmen konnte, ganz dem Gespräch hin; er stand durch vielseitigen amtlichen Verkehr in mannigfaltiger Berührung mit der Außenwelt, und wichtige Fragen der Menschen- und Landeswohlfahrt beschäftigten seine Gedanken, mit deren Äußerung er um so weniger zurückhielt, als er bei seiner Frau ein feines Verständnis und liebevolles Eingehen fand. So kommt es, daß beide Schwestern, besonders die ältere, auch im Alter noch mit Freude und Wehmut an diese Stunden dachten, in denen ihrem eben erwachenden Geiste die ersten reizvollen Blicke in die Erfahrungswelt eines bedeutenden Mannes gewährt wurden.

Wenig zahlreich waren die Menschen, die außer Vater und Mutter auf die frühen Kinderjahre gewirkt haben. Dann und wann wurde ein alter Geistlicher, der „Beichtvater" der Familie, besucht, der ein überaus patriarchalisches Leben führte; an ihn bewahrte Charlotte eine jener Erinnerungen, wie wir alle sie wohl aus der Kindheit haben: nicht durch die Tatsachen bedeutend, die ihr zugrunde liegen, sondern durch die Stimmungswelt, die ihr anhaftet und die in unser Leben weiterwirkt, wie der Duft einer Blume. „Die runden Fensterscheiben im Zimmer, der große Schrank von Nußbaum, mit großen geschliffenen Gläsern besetzt, mit Kirschen von

Glas und einer ruhenden Kuh von Porzellan, die eine Butterbüchse war, war mir so lieb als der Kohlkopf in Vossens Luise. Ein schöner bunter Teppich lag auf dem Kaffeetisch. An der Seite des Zimmers war ein Fensterchen, das in die Küche sehen ließ, wo der Kaffe uns entgegendampfte oder die schönen Kuchen gebacken wurden. Die Hoffnung, die Erwartung, was uns bevorstände, war für mich wichtig. Wenn der Tisch recht mit den Gaben des Herbstes prangte, saß ich recht gemütlich und hörte den Gesprächen, die mit Einfalt im Gemüt gehalten wurden, zu und verlor mich in dieser Welt. Wenn um sechs Uhr die große Glocke schallte, wir mochten in welchem Gespräch wir auch wollten, begriffen sein, so faltete der alte gute Mann seine Hände und betete laut, wir beteten mit; die alte Frau Pfarrerin ging zu ihm, rief ihm laut ins Ohr, denn er war taub: glückseligen guten Abend, Papa! und das vorige Gespräch begann wieder. Um sieben Uhr verließen wir diesen langen Besuch, aber nicht ohne Rührung über die Güte und Einfalt, im edeln Sinn des Wortes, unserer Freunde." Was sonst mit dem Lengefeldischen Hause in Beziehung stand, die verwandten oder befreundeten Familien des ringsum ansässigen Adels, die von Schardt, von Stein, von Wurmb, von Beulwitz und viele andere, erschienen wohl manchmal zu Besuch und wurden wieder besucht, aber es scheint davon wenig aus den Kinderjahren im Gedächtnis geblieben zu sein; sie boten wohl nichts Besonderes, denn „sie lebten alle wie wir".

Charlotte hat ihr Lebtag viel gelesen. Wollte man all die Bücher zusammenstellen, die sie in ihren Tagebüchern und Briefwechseln erwähnt und beurteilt, es würde eine stattliche Bibliothek herauskommen. Das ist nicht nur bei ihr, sondern bei allen einigermaßen bedeutenden Frauen damals so gewesen. Die äußere Welt lenkte wenig ab. Der Jugendunterricht war dürftig, während er heute eine gewisse Übersättigung mit positivem Wissen selbst dem weiblichen Geschlechte bringt; man empfand damals deutlicher, wie groß die Welt des Wissens- und Denkenswerten ist, und der Begriff der „abgeschlossenen Schulbildung" übte nicht seinen banausisch machenden Einfluß. Die Frauen lasen gedankenschwere Bücher, sie scheuten nicht Lektüre als Arbeit, um innerlich zu wachsen und Werte für die Ausgestaltung der Persönlichkeit in sich aufzunehmen, Bücher von der Art, wie sie heute erst wieder durch den Einfluß der Frauenbewegung an die größere Menge der Frauen herangebracht werden. Wir werden davon zu sprechen später besondere Gelegenheit finden.

Diesen goût de la lecture, von dem der alte Fenelon als von einem der besten Ergebnisse der Erziehung spricht, empfing Charlotte schon in ihrer Kindheit. Wie der Vater den durch Naturell und Zurückgezogenheit des Lebens begünstigten allzu starken Reflexionsneigungen seiner Töchter durch den geregelten Unterricht entgegenzuwirken strebte, so übte er auch Einfluß auf die Lektüre; was jene Zeit an tüchtiger Nahrung für einen kindlichen Geist bot, holte er über die Schwelle: Gellert, Rabener, historische Sammlungen, dazu eine der guten „moralischen Wochenschriften"; aber es herrschte Maß, Vielleserei ließ er nicht aufkommen. Vermutlich erst nach seinem Tode fand auch Richardson Eingang, der dann nachher allerdings sehr starken Einfluß besonders auf Lottens Entwicklung gewann. –

Der Landforstmeister von Lengefeld starb 1776. Die chère mère begann die Aufgabe, die sie gewissenhaft und kundig als beste Lebensarbeit durchgeführt hat: ihre Kinder gut zu erziehen. Karoline war dreizehn, Charlotte zehn Jahre alt; das stille Wirken der Mutter hatte ein noch dankbares Feld; freundliches Nachgeben in minder Wichtigem verbindend mit überzeugter Strenge in allem, was das Wesentliche der Lebensführung angeht, hat sie es verstanden, jedes der Kinder seinem angeborenen Wesen gemäß sich entwickeln zu lassen und ihnen doch die Schmiegsamkeit in der Welt zu geben. Verhältnismäßig früh schien sie der Sorge um Karoline überhoben: der Sechzehnjährigen wandte sich die Neigung eines Vetters zu, des Herrn von Beulwitz; nach langer Verlobungszeit hat sie ihn geheiratet. Aber obgleich er alles das aufweisen konnte, was nach altererbten Anschauungen am Manne zur Ehe wünschenswert ist, biedere Gesinnung, Gemüt, Ehrenhaftigkeit, glücklich ist sie nicht geworden; es fehlte die dauernde Übereinstimmung des Wesens, und Karoline hat später selbst, zugleich das Interesse des Mannes wahrnehmend, dieses Band gelöst; ihr zweiter Mann war Wilhelm von Wolzogen. Charlottens Zukunft sollte auf sichere Grundlage gestellt worden, auch wenn sich kein Mann bot. Auf den Rat ihrer Freundin von Schardt, die seit 1764 Gemahlin des Oberstallmeisters von Stein war und genaue Beziehungen zum weimarischen Hofe seit lange pflegte, faßte sie den Plan ins Auge, Charlotte als Hofdame in die Umgebung der Herzogin Luise, der Gemahlin Karl Augusts, zu bringen. Frau von Stein selber war die Fürsprecherin bei der Fürstin, die, wie wir heute wissen, sich am Hofe vereinsamt fühlte; sie empfand anders als ihr Gemahl und auch anders als fast die ganze Hofgesellschaft; so kam sie dem Plane der langbewährten Freundin ihres Hauses zustimmend entgegen. Aber es fehlte Charlotten noch eine unerläßliche Vorbedingung zu solcher Stellung: die Beherrschung der französischen Sprache. Jener Onkel hatte wohl eine gar zu optimistische Meinung von den ‚Möpsgens' gehabt, und des französischen Sprechmeisters didaktische Kunstfertigkeit scheint nicht weit gereicht zu haben. So entschloß sich denn die Mutter, Charlotte Aufenthalt in einem Lande französischer Zunge zu gewähren. Im Winter 1782 auf 1783 wurde das junge Mädchen zum erstenmal in die weimarischen Hofkreise eingeführt. Goethe selbst traf sie hier öfters und hat lebhaftes Interesse an ihr genommen. Im Frühjahr 1783 reisten Mutter, beide Töchter und dazu der Vetter von Beulwitz, damals noch Verlobter, ab. Das Ziel waren die Ufer des Genfer Sees. Aber man wollte auch vorher Land und Leute sehen, und so reiste man behaglich von Stadt zu Stadt, bald hier bald dort schöne Landschaften, merkwürdige Industrien, vielgenannte Männer und Frauen beschauend. Erst nach elf Tagen gelangte man nach Stuttgart. Hier lebte ihnen, aus nah bekanntem Thüringer Geschlecht geboren, Henriette von Wolzogen, die Mutter jenes Wilhelm von Wolzogen, der später in Karolinens Leben eine so bedeutende Rolle spielen sollte und damals noch Karlsschüler war, die Mutter jener Charlotte von Wolzogen, die in Bauerbach des jungen Schiller erste Liebe wurde. Sie zeigte ihnen Stuttgart und seine liebliche Umgebung. Da wurden der Hohenasperg besucht, das finstere Staatsgefängnis, das den unglücklichen Schubert umschloß, die Akademie, aus der vor kurzem Friedrich Schiller zur Armee entlassen worden war, das Schloß Hohenheim, nach dem Karl Eugen seine berühmte Franziska genannt hatte, und endlich auch die Solitüde, wo Schillers Eltern wohnten und die fremden Gäste als Freunde ihrer Freundin bei sich begrüßten.

Noch in hohem Greisenalter entsann sich Schillers älteste Schwester der lieblichen Erscheinung Charlottens in ihrem „blauen Jäckelchen". Dann ging es weiter über Schaffhausen nach Zürich, wo man natürlich den weltberühmten und von den Frauen angeschwärmten Lavater besuchte, der der Mutter denn auch ein paar salbungsvolle Worte ins Album schrieb; und endlich langte man in dem blütenreichen Vevey an. Der Aufenthalt hier hat sich bis zum Mai 1784 ausgedehnt. Charlotte verlebte im Genuß der herrlichen Natur, des lebhaften und anregenden Verkehrs mit bedeutenden Menschen, die sich im Hause des Landvogts Lantulus vereinigten, und unter dem belebenden Einfluß rascher Fortschritte in ihren Studien angenehme Monate. Noch spät klingt in ihren Briefen die Glücksstimmung jener Zeit an. Es scheint auch, daß in dieser Zeit die erste Neigung das Herz der Siebzehnjährigen berührt habe: Tagebuchblätter enthalten allgemeine Andeutungen, und einige Gedichte aus unmittelbar folgender Zeit atmen eine Sehnsucht wie nach, kaum gegrüßt, verlorenem Glück. So bildet dieses Jahr zu der Stille und Einförmigkeit in Rudolstadt einen Gegensatz und eine Ergänzung, die beide unendlich förderlich waren. Auch die Rückreise brachte noch große Fülle des Neuen und Anregenden. In Richterswyl trafen sie wieder mit Lavater zusammen, der den „lieben Lengefelds" noch einmal einen Orakelspruch mitgab und von nun an längere Jahre mit dem Kreise in gelegentlichem Briefwechsel blieb. In Colmar lernte man den behaglichen Pfeffel kennen, in Speyer Sophie von Laroche, und in Mannheim vollzog sich eine flüchtige Begegnung mit Friedrich Schiller, der damals als der Verfasser der drei Jugendstücke schon eine Sehenswürdigkeit war und zu dem Frau Henriette von Wolzogen die Beziehung verschafft hatte, wie im Vorjahre zu den Eltern auf der Solitüde. Schiller selbst begrüßte die Durchreisenden nur, weil sie von Frau von Wolzogen kamen; er schreibt am folgenden Tage an sie: Sie glauben mir nicht wie teuer mir alles ist, was von Ihnen spricht und nach Ihnen verlangt. Karoline hat dieses Besuches in ihrem Leben Schillers gedacht, aber auch sie bestätigt, daß abgesehen davon, daß die „hohe edle Gestalt" des Dichters sie frappiert habe, kein sonderlicher geistiger Eindruck geblieben sei. „Es fiel kein Wort, das lebhafteren Anteil erregte."

Nach Rudolstadt zurückgekehrt, verarbeitete Charlotte die reichen Anregungen, die die Reise ihr gebracht hatte. Bei dem Heimatsinne und der stillen Freude auch an einfacheren Naturschönheiten fand sie sich bald wieder in die ruhigen Verhältnisse des Saaletales und seiner Menschen.

Aber die Ruhe ihres Herzens sollte auch hier eine Erschütterung erfahren. Durch Herrn von Knebel, den früheren Erzieher Karl Augusts, der mit Frau von Stein viel verkehrte, wurden in Kochberg zwei Engländer vorgestellt, Lord Inverary und ein Kapitän Heron, wie es scheint des Erstgenannten jüngerer Bruder. Frau von Stein machte diese beiden Herren, die sich auch in der weimarischen besten Gesellschaft guten Ansehens erfreuten, im Lengefeldischen Hause bekannt. Heron faßte zu Lotte eine Zuneigung, die von ihr erwidert wurde. Diese Neigung wuchs während der Wintermonate 1786 auf 1787, die Charlotte in Weimar verlebte, zu einer ernsten Liebe. Sie sahen sich oft in Gesellschaft, und ein beiden gemeinsamer Zug zu denselben englischen Schriftstellern, eine tiefere Übereinstimmung in vielen Fragen des Lebens und der Anschauungen verband sie. Das Verhältnis blieb den Näherstehenden nicht unbekannt und Karl August fand sogar besonderes Gefallen daran, es zu fördern. Ostern 1787 machte Heron in Rudolstadt einen Besuch, bei dem er, so wird berichtet, zugleich seine Liebe gestand und deren Hoffnungslosigkeit aussprechen mußte. Denn er hatte Ordre bekommen, sich zu einer Expedition nach Indien seiner Regierung zur Verfügung zu stellen. Wir sehen nicht klar in dieser ganzen Sache. Es scheint, daß Lord Inverary die frühzeitige Bindung des als jüngerer Sohn einer adligen Familie unbemittelten Bruders nicht gewünscht hat. Aber auch Frau von Lengefeld war einer solchen Verlobung abgeneigt, und vielleicht hat Frau von Stein selbst die Entscheidung herbeigeführt. Jedenfalls sahen sich die beiden jungen Leute hier zum letzten Male, bitteren Abschiedsschmerz in der Seele, der noch lange nachzittert. Das Tagebuch zeigt um jene Zeit melancholische Blätter und trübe Resignation:

„'t is sure the hardest science to forget."

„Nein, nicht vergessen sollen wir, sondern stark die notwendigen Übel der Trennung tragen! Denn sie ist hoffentlich nicht ewig." So hoffte sie noch. Aber die Hoffnung war vergebens. Sie haben sich nicht wiedergesehen. Man sagt, Heron sei durch einen Unfall in Ostindien ums Leben gekommen. Er selbst hat nach seiner Abreise noch vom Rheine und aus Holland an Charlotte geschrieben, Briefe voll sehnsuchtstrauriger Stimmung. Von den kanarischen Inseln schrieb er dann noch an Knebel. „Do you ever see or hear about Rudolstadt? There is a charm in the very name. O days, happy days, days of whose happiness I was not aware, but my friend we must labour this."

Dieser Trennungsschmerz lebte auch noch in Lotte, als sie im Dezember 1787 Schiller kennen lernte. Er traf eine Rekonvaleszentin.

II.

Erste Begegnung.

An einem trüben Dezembertage des Jahres 1787 ritten zwei Reiter durch die neue Gasse in Rudolstadt ein. Als sie vor dem Hause der verwitweten Frau Oberforstmeister von Lengefeld vorbeikamen, verhüllte der eine im Scherze mit dem Mantel das Gesicht; aber die am Fenster sitzenden Damen hatten ihn schon erkannt; es war Wilhelm von Wolzogen, sein Begleiter war Schiller. Die beiden Freunde kamen von Meiningen und wollten nach Weimar; sie verlebten den Abend im Lengefeldschen Hause, zu dem Wolzogen in verwandtschaftlicher Beziehung stand. Dieser zufällige Weg wurde für Schiller der Weg zum Glück.

Sehen wir einen Augenblick zu, wie es in der Seele dieses Mannes aussah. Schiller war ein viel umhergetriebener Wanderer; von lebhafter Sehnsucht nach ruhigem und stillem Glück auch in engerem Kreise war seine Seele früh erfüllt gewesen, aber äußere Schicksale und das eigene unruhig gärende Wesen hatten ihn von dem Ziel solcher Sehnsucht weit abgeworfen. Aus ungeliebtem Amte, dessen Führung alle schönen und guten Keime seines Wesens zu erdrücken drohte, hatte er sich durch einen mutigen, aber gefährlichen Schritt befreit. Mittellos, des nächsten Tages ungewiß, über seinem Haupte die drohende Gefahr als fahnenflüchtig aufgegriffen zu werden, hatte er die Heimat verlassen und irrte unstet umher oder hielt sich in weltfernen Dörfern verborgen; den bittern Trank des Elends und der Not mußte er leeren; auf der Mainbrücke in Frankfurt, als auch die letzten Hoffnungen erloschen, flog durch seine Seele der furchtbare Gedanke, daß ein Sprung von dieser Brücke ihn frei machen würde, und als dann der Himmel etwas lichter wurde, als in Mannheim ein leichter Schimmer des Glückes auf ihn fiel, da mußte er die bittere Wahrheit an sich erfahren, daß wir den ärgsten Feind nicht außer uns, sondern in uns haben. Gänzlich verwirrt in seinem sittlichen Dasein, viel verwirrter, als die gewöhnlichen Lebensbeschreibungen es darstellen, erscheint der Sechsundzwanzigjährige am Ende seiner Mannheimer Zeit. Charlotte von Kalb hatte in ihm jene Leidenschaft entfacht, die er selbst später seiner Braut gegenüber als miserabel bezeichnet und von der ein nur schwaches, aber schmerzliches Echo in seinen Gedichten widerklingt. Aus dieser innern Lebensgefahr reißt ihn wieder ein völliger und plötzlicher Bruch mit allen Verhältnissen. Einst war er vor dem Herzog geflohen; jetzt flieht er gewissermaßen vor sich selbst. Er geht nach Sachsen, dem Ruf eines Freundes folgend, in dessen zielbewußter organischer Bildung er das Kehrbild der eigenen mit innerer Tröstung wahrnahm. Körner und seine Familie umgaben den Friedesuchenden mit ihrer Freundschaft und Liebe, und in dem Frieden dieser glücklichen Häuslichkeit lassen sie ihn erwarmen; er wird ruhiger, gefaßter, große weitausschauende Aufgaben werden mutig angegriffen und ausgeführt. Aber gerade der Anblick dieses häuslichen Glücks regt in Schiller die Wünsche nach einer „bürgerlichen Existenz" (er drückt sich selbst gern so aus) wieder lebendig auf. Der Weltunkundige hängt sein Herz an jene Dresdener Abenteurerin Henriette von Arnim, aus deren Einfluß die Freunde ihn nur mit Mühe loszureißen vermögen. Sie brauchen eine Gewaltkur. Er geht nach Weimar. Und hier in Weimar ist er zunächst fast auf sich allein angewiesen. In der Öde der Junggesellenbude an Arbeiten beschäftigt, die nicht um des geistigen Erwerbes allein willen unternommen wurden, wird er von einer unüberwindlichen Sehnsucht nach einer Seele ergriffen, die um ihn sei; in dieser inneren Verfassung lernte er Charlotte von Lengefeld kennen.

Wir haben keine genaue Kunde von dem, was an jenem Abend gesprochen worden ist;

aber Karoline berichtet die allgemeine Richtung und Stimmung. „Schiller fühlte sich wohl," sagt sie, „und frei in unserm Familienkreise; entfernt vom flachen Weltleben galt uns das Geistige mehr als alles; wir umfaßten es mit Herzenswärme, nicht befangen von kritischen Urteilen und Vorurteilen, nur der eigenen Richtung unsrer Natur folgend. Dies war es, was er bedurfte, um sich selbst dem Umgang aufzuschließen. Wir kannten seinen Don Carlos noch nicht; ohne alle schriftstellerische Eitelkeit schien es ihm am Herzen zu liegen, daß wir ihn kennen lernten; ich erinnere mich nicht, daß unsre Gespräche noch etwas andres aus der Welt seiner Dichtung berührten, die Briefe von Julius an Raffael ausgenommen. Der Gedanke, sich unsrer Familie anzuschließen, schien schon an jenem Abend in ihm aufzudämmern, und zu unsrer Freude sprach er beim Abschiede den Plan aus, den nächsten Sommer in unserem schönen Tale zu verleben." Von Schillers eigenem Eindruck hören wir in einem Briefe, den er am 20. Dezember an Frau von Wolzogen nach Bauerbach schrieb: „Wir sind glücklich nach Rudolstadt gekommen, wo ich eine sehr hochachtungsvolle und liebenswerte Familie fand; ich kann nicht anders, als Wilhelms guten Geschmack bewundern; denn mir selbst wurde so schwer, mich von diesen Leuten zu trennen, daß nur die dringendste Notwendigkeit mich nach Weimar ziehen konnte; wahrscheinlich werde ich aber diese Nachbarschaft nicht unbenutzt lassen und sobald ich auf einige Tage Luft habe, dort sein." Und wie sehr der Anblick dieses Kreises die alten sehnsüchtigen Wünsche in ihm aufgeregt hatte, zeigt uns, was er an Körner in den ersten Januartagen 1788 schreibt: „Ich bedarf eines Mediums, durch das ich die andern Freuden genieße, Freundschaft, Geschmack, Wahrheit und Schönheit werden mehr auf mich wirken, wenn eine ununterbrochene Reihe feiner, wohltätiger, häuslicher Empfindungen mich für die Freude stimmt und mein erstarrtes Wesen wieder durchwärmt. Ich bin bis jetzt ein isolierter, fremder Mensch in der Natur herumgeirrt und habe nichts als Eigentum besessen; ich sehne mich nach einer bürgerlichen Existenz. – Ich habe seit vielen Jahren kein ganzes Glück gefühlt und nicht sowohl, weil mir die Gegenstände dazu fehlten, sondern darum, weil ich die Freuden mehr naschte als genoß, weil es mir an immer gleicher und sanfter Empfänglichkeit mangelte, die nur die Ruhe des Familienlebens gibt."

Noch waren es allerdings unbestimmte Gefühle in Schillers Seele. Gegen Ende Januar kam Charlotte von Lengefeld nach Weimar, um die Karnevalsredouten mitzumachen und die Beziehungen zur Herzogin, für deren Dienst sie ja bestimmt war, fester zu knüpfen. Sie hatte eigentlich im Goetheschen Hause wohnen sollen; das für sie bestimmte Zimmer war aber noch durch einen von Goethe bestellten Italiener besetzt, und so wohnte Charlotte im Hause der Frau von Imhof, der Schwester der Frau von Stein. Anfang Februar traf Schiller auf einer Redoute plötzlich Charlotte, und da er bei seiner Übersiedelung nach Weimar zu dem Hause Imhof Beziehungen angeknüpft hatte, fand sich nun öfters Gelegenheit, Charlotte zu sehen. Der Eindruck wurde stärker und stärker in Schillers Seele; Mitte Februar schreibt er an Körner: „Eine Frau habe ich noch nicht; aber bitte Gott, daß ich mich nicht ernsthaft verplempere.“ Im März kommt er auf diese Briefstelle zurück: „Neuerdings ließ ich zwar ein Wort gegen Dich fallen, das Dich auf irgendeine Vermutung bringen könnte; aber dieses schläft tief in meiner Seele.“

Welchen Eindruck dieses erste Wiedersehen auf Charlotte machte, zeigt uns eine Stelle aus einem Briefe an Wilhelm von Wolzogen: „Schiller war auch oft mit uns und hat mich und Frau von Imhof oft besucht; er gewinnt immer mehr bei näherer Bekanntschaft; sein Plan ist, diesen Sommer einige Monate hier zu wohnen; da habe ich denn eine Wohnung in Cumbach für ihn ausgedacht. Da werden wir, hoffe ich, manchen freundlichen Abend in seiner Gesellschaft verleben.“

Zwischen Schiller und Lotte selbst kam es noch in Weimar zu einigen Billets, die das allmähliche Zunehmen des gegenseitigen Interesses deutlich abspiegeln; noch sind sie förmlich, zufällige und dürftige Ergänzungen zum persönlichen Verkehr; aber schon schimmert etwas von warmem Gefühl durch. „Eben zieht mich ein Schlitten ans Fenster," schreibt Schiller, „und wie ich hinaussehe, sind Sie's, und das ist doch etwas für diesen Tag." Sie gibt ihm ihr Album, und er schreibt sich ein; es sind die Verse, die unter der Überschrift „Einer Freundin ins Stammbuch" in die Werke übergegangen sind. Lotte dankt ihm für sein Gedicht; die Zeilen sollen ihr immer als Zeichen seines Andenkens wert sein. „Daß ich Sie nicht so oft sehen kann, als ich wünsche, tut mir leid." Schon ist der Plan zwischen ihnen besprochen, daß er den Sommer in Rudolstadt zubringen soll. „Ich dachte eben, als ich Ihr Billett erhielt, daran, daß es doch mir so lieb sein würde, daß Sie manchen schönen Morgen, manchen stillen Abend, mit uns der schönen Natur sich freuen würden und Sie durch Ihre Gesellschaft uns so viel Freude machen könnten." Als sie im April nach Rudolstadt zurück muß, schreibt sie: „Leben Sie wohl, recht wohl, wenn ich Sie hier nicht mehr sehen soll und denken Sie meiner, ich wünschte, daß es oft geschähe." Schiller antwortet noch am selben Tage mit wachsender Herzlichkeit. Das „gnädige Fräulein" der ersten Briefe paßt schon nicht mehr. „Sie werden gehen, liebstes Fräulein, und ich fühle, daß Sie mir den besten Teil meiner jetzigen Freuden mit sich hinwegnehmen." „Sie wollen also, daß ich an Sie denken soll; das würde geschehen sein, auch wenn Sie es mir verboten hätten. Meine Phantasie soll so unermüdet seyn, mir Ihr Bild vorzuführen, als wenn sie in den acht Jahren, daß ich sie den Musen verdingt habe, sich nur für dieses Bild geübt hätte. Ich werde Sie an jedem schönen Tage unter freiem Himmel wandeln sehen und an jedem trüben auf ihrem Zimmer. – Vielleicht denken Sie auch meiner." Und immer wieder schiebt er den Schluß des Briefes hinaus, um dem Lebewohl neuen Ausdruck zu geben. „Leben Sie also recht wohl, bestes Fräulein, erinnern Sie sich manchmal und gern daran, daß hier jemand ist, der es unter die schönsten Zufälle seines Lebens zählt, Sie gekannt zu haben. Noch einmal, leben Sie recht glücklich." Und als sie wirklich abgereist ist, da fühlt er sich vereinsamt. Er lebt und webt in der Sehnsucht nach dem Sommer. „Man sollte lieber nie zusammengeraten – oder nie mehr getrennt werden."

So hat Schiller schon bei dem Beginn dieser Bekanntschaft das sichere Gefühl, daß dieses Mädchen für ihn und er für sie bestimmt sei. Nicht Leidenschaft, sondern ruhige Freude erweckte die aufkeimende Liebe in seiner Seele; nicht lähmend und zerstörend, wie frühere Verhältnisse eines stürmischeren Alters wirkte diese Neigung auf ihn. Freundlich und beseligend weben die Gedanken an Charlotte in ihm und neuen Mut zur Arbeit flößen sie ihm ein; er fühlt, daß es sich hier endlich um sein Lebensglück handeln kann. „Ich sehne mich nach einer bürgerlichen und häuslichen Existenz,“ die Worte jenes Briefes an Körner enthalten die Grundstimmung der nächsten Jahre.

III.

Das Idyll von Volkstädt.

Kaum nach Rudolstadt zurückgekehrt, machte sich Charlotte daran, dem neuen Freunde eine Wohnung für den Sommer in der Nähe zu suchen. Sie dachte zunächst an das freundliche Cumbach, aber dann fällt ihr ein, daß dorthin oft „die Langeweile fürstliche Menschen treibt", und Schiller erwidert, daß „eine fürstliche Nachbarschaft ihm die ganze Existenz verdorben haben würde". So entscheidet sie sich für Volkstädt, eine halbe Stunde saaleaufwärts gelegen, wo sie, unterstützt von ihrer Freundin Friederike von Holleben, beim Kantor Unbehaun ein Zimmer mietet. „Ich denke, es ist alles gut besorgt, nun steht es bei Ihnen wann Sie kommen wollen; daß ich mich freue Sie zu sehen, manchen schönen Tag mit Ihnen zu verleben mich freue, können Sie denken." Und zugleich gibt sie ihm einen Einblick in ihr Leben und Sinnen: immer wieder in ihren Briefen, nicht nur in denen an Schiller, sondern bis in ihr höchstes Alter hinauf in denen an Knebel, an Fischenich, an Wolzogen und wie die Freunde alle heißen, tauchen die lebhaften Äußerungen der Freude an der Natur auf; ein Heilmittel gegen alle Schwankungen des Seelenzustandes ist ihr das liebevolle Leben in und mit der Landschaft, dem Sonnenlicht, insbesondere mit allem, was der Frühling bringt. „Mein Aufenthalt in Weimar hat mir viele Freuden gegeben, und so ganz von dem allen auf einmal abgeschnitten sein, wäre mir traurig, wenn nicht die milde Luft, das schöne Grün, und das Gefühl des Frühlings, das Wachsen und Wirken der Natur, das innige Leben mir meinen Sinn erhellte." Auch auf die vielen Verwandten, die ja nun Schiller bald kennen soll, wirft sie einen Blick: „Sie haben recht, daß ich edle Menschen um mich habe, sie versüßen mir mein Leben, das sonst unter den übrigen Einwohnern hier unangenehm verstreichen würde. Wie viele trauliche Stunden werden wir verleben, ich möchte, daß es Ihnen wohl unter uns würde." Schiller antwortet beglückt und enthusiastisch; Charlotte hatte die Wohnung ganz flüchtig beschrieben, er aber meint: „Sie haben aus meiner Seele gewählt." Ungeduldig zählt er die Tage. Endlich, am 19. oder 20. Mai, ist er in Rudolstadt. Vom Gasthof zur Gabel fliegt das erste Billet hinüber, er bittet um die Erlaubnis, sich baldigst vorstellen zu dürfen. Dann, nach der ersten Einrichtung in Volkstädt, beginnt der rege Verkehr. Karoline hat in ihrem Leben Schillers davon eine allgemeine Würdigung gegeben, und wir könnten kein deutlicheres Bild entwerfen als sie es getan hat.

„In unserm Hause," erzählt Karoline, „begann für Schiller ein neues Leben. Lange hatte er den Reiz eines freien freundschaftlichen Umganges entbehrt; uns fand er immer empfänglich für die Gedanken, die eben seine Seele erfüllten. Er wollte auf uns wirken, uns von Poesie, Kunst und philosophischen Ansichten das mitteilen, was uns frommen könnte; und dies Bestreben gab ihm selbst eine milde, harmonische Gemütsstimmung. Sein Gespräch floß über in heiterer Laune; und wenn oft störende Gestalten unsern kleinen Kreis beengten, so ließ ihre Entfernung uns das Vergnügen des reinen Zusammenklangs unter uns nur noch lebhafter empfinden. Wie wohl war es uns, wenn wir nach einer langweiligen Kaffeevisite unserm genialen Freunde unter den schönen Bäumen des Saaleufers entgegengehen konnten! Ein Waldbach, der sich in die Saale ergießt und über den eine schmale Brücke führt, war das Ziel, wo wir ihn erwarteten. Wenn wir ihn im Schimmer der Abendröte auf uns zukommen sahen, dann erschloß sich ein heiteres, ideales Leben unserm innern Sinne. Hoher Ernst und anmutige, geistreiche Leichtigkeit des offnen reinen Gemüts waren in Schillers Umgang immer lebendig; man wandelte wie zwischen den unwandelbaren Sternen des Himmels und den Blumen der Erde in seinen Gesprächen. Wie wir uns beglückte Geister denken, von denen die Bande der Erde abfallen, und die sich in einem reinern, leichtern Elemente der Freiheit eines vollkommneren Einverständnisses erfreuen, so war uns zumute."

„Als die ältere Tochter, die das Haus seit meiner Verheiratung mit Herrn von B. führte, leitete ich gewöhnlich auch die Unterhaltung. Selten war es mir so wohl geworden, mich so ganz über alles aussprechen zu können."

„Wie ein Blumen- und Fruchtgewinde war das Leben dieses ganzen Sommers mit seinen genußreichen und bildenden Tagen und Stunden für uns alle. Schiller wurde ruhiger, klarer; seine Erscheinung wie sein Wesen anmutiger; sein Geist den phantastischen Ansichten des Lebens, die er bis dahin nicht ganz verbannen konnte, abgeneigter." –

Wir sind natürlich nicht im einzelnen unterrichtet über die Monate, die Schiller mit den Schwestern verlebte, aber die zahlreich erhaltenen Briefe und Zettel, die die Ergänzung des mündlichen Verkehrs bildeten, geben doch manchen Zug zu dem freundlichen Bilde. Den Tag über pflegte Schiller meistens zu arbeiten, der Abfall der Niederlande harrte noch der Vollendung, einzelne Aufsätze für die Thalia, den Merkur mußten fertig gestellt werden, der Geisterseher, Vorarbeiten zu neuen schriftstellerischen Plänen füllten die Lücken. Gegen Abend begab er sich dann nach Rudolstadt oder traf sich mit den

Freundinnen an irgendeinem Punkte, um mit ihnen die lieblichen Gelände zu durchstreifen. Hier, im Gespräch und dem lebhaften Austausch der Gedanken, in dem deutlichen Gefühl des immer tieferen gegenseitigen Verständnisses, hat sich für Schiller eine Zeit fast reinen Glückes abgespielt, und auch die beiden Schwestern haben dieses Glücksgefühl empfunden. Beide, denn obgleich Karoline schon seit vier Jahren die Gattin des Herrn von Beulwitz war, hatte sich doch zwischen ihr und dem Gemahl, dessen Wesen wir schon früher gekennzeichnet haben, keine rechte geistige Gemeinschaft erzeugt, und Karoline gab sich dem ersten Eindruck, den Schillers überlegener Geist machte, mit fast noch größerer Wärme hin als ihre ruhigere und langsamer empfindende Schwester. Wir werden auf die eigentümlichen Wirkungen dieses Verhältnisses noch zurückkommen.

Schiller lebt in dieser Umgebung förmlich auf. So manches lastete auf ihm; eben erst hatte er die in mehr als einer Hinsicht bedenkliche Leidenschaft für die Dresdenerin Henriette von Arnim überwunden; die Erinnerungen an die Mannheimer Zeit waren trotz Körner doch auch öfters wieder aufgetaucht; und so mochte noch manches Dunkle in seinem Gemüte haften. Jetzt, in der Gesellschaft zweier vornehm gerichteter und in jedem Sinne edler Frauen, zerteilen sich die Nebel, er gewinnt sich selbst wieder, seine innere Natur bricht mächtig wieder hervor. „Rudolstadt und diese Gegenden überhaupt,“ sagt er mit einem Scherze, dessen tiefernsten Grund jeder Kenner von Schillers Entwicklung sofort durchschaut, „soll, wie ich hoffe, der Hain der Diana für mich werden; denn seit geraumer Zeit geht mir's wie dem Orest in Goethes Iphigenia, den die Eumeniden herumtreiben. Den Muttermord freilich abgerechnet und statt der Eumeniden etwas anderes gesetzt, das am Ende nicht viel besser ist. Sie werden die Stelle der wohltätigen Göttinnen bei mir vertreten und mich vor den bösen Unterirdischen beschützen."

Man muß sich dieses Zusammenleben nicht als ein schöngeistiges Schwärmen vorstellen, wie es so manchmal auf Grund einer völlig falschen Auffassung von Schillers und dieser Frauen Wesen geschieht. Freilich stehen die geistigen Interessen an erster Stelle. Aber all das reizvolle persönliche Kleinleben kommt doch auch zur Geltung, an dem Menschen, die innere Sympathie verbindet, sich zu erfreuen pflegen. Mit einer Art mütterlicher Fürsorge umgibt Charlotte den Freund; wenn ein „böser Schnupfen", der bei den Menschen jener Tage so auffallend oft umging, Schiller ans Haus fesselt, bringt der Rudolstädter Bote – sie hatten einen kleinen Jungen dazu bestellt – ihm allerlei Backwerk oder besonders guten Tee, von dem das Pfund zwei Taler und zwölf Silbergroschen kostet. Um jedes Unwohlsein Schillers sorgt sie sich; „es ist so traurig, daß man so wenig für einander tun kann". Oder es kommt eine Einladung an den von Zahnschmerz Befallenen: „Ich lade Sie ein heute Mittag zu uns zu kommen, und Klöße mit uns zu essen, meine Mutter glaubt, daß es Ihnen nichts schaden könne dies Gericht, und Sie brauchen dabei die Zähne nicht anzugreifen.“ Oder: „Guten Morgen, wie geht es Ihnen heute? Sie sind doch wohl? Sind Sie's nicht, so möchte ich gern freundlich an die Medizin erinnern. Denn Sie sollen immer wohl sein, wünsche ich.“ Sie will ihn aufheitern durch allerlei kleine humoristische Bemerkungen über ihr tägliches Leben. Wir sehen Charlotte, wie sie in ihrem kleinen Zimmer sitzt und ein Billet schreibt, die Buchstaben verwischen, soeben ist „Toutou“, die auch von Schiller sehr geschätzte Hauskatze, über das Papier gelaufen; oder wie sie in einer Zimmerecke kauert und der chère mère vorliest. Auch die Geselligkeit mit den Rudolstädter Familien, harmlos heitere, thüringische Geselligkeit, spiegelt sich in der Korrespondenz wieder. Bald kommt Frau von Stein von Kochberg herüber, manchmal begleitet von Frau von Imhoff, und wir spüren, welchen Eindruck das geistvolle, aber in sich harmonische und geschlossene Wesen dieser Frau macht. Bald ist Vogelschießen, und die ganze gute Gesellschaft, die Rudolstädter Prinzen nicht ausgeschlossen, mischt sich unter das Volk und tanzt in dem großen Zelte mit. Dann kommt es wohl vor, daß man erst spät abends und „heitere Lieder singend“ (z. B. Höltys „Rosen auf den Weg gestreut") heimzog, und wenn Schiller noch in der Nacht bis Volkstädt gewandert war, weckte ihn am folgenden Morgen der Botenknabe mit einem besorgten Billet der Schwestern, ob er sich auch in der Dunkelheit und den „wilden" Bergen heimgefunden habe. Oder man führt ein Stück auf im Gartenhause der Frau von Lengefeld, etwa Voltaires Ecossaise, worin der Erbprinz die Rolle des Monrose gab, Wilhelm von Wolzogen das Theater „angab" und, wie das prinzliche Tagebuch berichtet, „Hr. Rath Schiller mit zusah". – Einmal war auch Goethe da. Es scheint, daß die bekannte erste Begegnung mit Schiller von Lotte und Frau von Stein absichtlich herbeigeführt ist, und es war für Lotte sehr schmerzlich, daß sie so ergebnislos verlief. Denn es war einer ihrer liebsten Wünsche, vielleicht auch hervorgerufen durch frauenhafte Sorge um Schillers Zukunft, den Freund mit dem vielverehrten und einflußreichen Manne zusammenzubringen.

Im allgemeinen aber liebten weder Charlotte noch Schiller selbst die Unterbrechungen durch fremde Gesellschaft. Die drei Menschen waren sich genug; und bei aller Verehrung gegen die chère mère war es ihnen doch manchmal angenehm, wenn sie aufs Schloß gegangen war und man nun im Garten ungestört Gedanken über Menschen, Welt, Bücher und eigenes Innenleben austauschen konnte. Ihrer Natur nach zu stiller Betrachtung und denkender Verarbeitung aller neuen Eindrücke geneigt, läßt Charlotte Schillers Gedankenwelt ruhig auf sich wirken und strebt nach einer, wie man sich damals ausdrückte, „reinen" Anschauung; mit einer gewissen Zucht, die sie am eigenen Empfinden übt, möchte sie alles so auffassen, wie es ist, es objektivieren; Karolinens impulsivere Art neigte zu starken Zusätzen subjektiver Färbung; Charlottens Geist gleicht mehr einer stillen Flut, in der sich die Dinge in den ursprünglichen Gestalten und Maßen abspiegelt, während der Geist der Schwester dem bewegten Wasser glich, das unruhige Bilder wirft.

Es war natürlich, daß die geistige Beschäftigung dieser Monate wesentlich durch Schiller bestimmt wurde. Charlotte war von jeher eine eifrige Leserin. In der ersten Zeit nach der Schweizer Reise war diese Lektüre ganz zufällig und ohne beherrschenden Gesichtspunkt gewählt. Jetzt wendet sich das Hauptinteresse dem Studiengebiete des Freundes zu: der Geschichte; und in Stunden, wo diese Literatur zu schwer war, erholt man sich an denselben Büchern, die auch Schiller, wenn er abgespannt war, allen anderen vorzog: Reisebeschreibungen. Jetzt wurde ferner Gibbon gelesen, und Stück für Stück genoß man die von ihm entworfenen Kulturbilder. Das Altertum steht wochenlang im Vordergrunde. Schiller lieh den Schwestern sein schönes Exemplar des Plutarch, das er sich einst in Stuttgart gekauft hatte, und Charlotte findet in den Biographien einen „Zug von Größe", der sie fast enthusiasmiert. Selbst so entlegene Erzeugnisse, wie des Apollonius von Rhodus „Argonautika" — das ihr von Knebel gesandt war — fügten sich diesen Reihen ein. Natürlich neigten auch bei diesen Studien die Herzen zur Poesie. Die Welt der griechischen Tragiker tritt ihnen nahe in den Übersetzungen des Théâtre grec von Père Brumoy, die auch Schiller bei seinen Nachdichtungen des Euripides benutzte. Ganz besonders aber bildete Homer das Entzücken des Kreises. An regnerischen Tagen im Zimmer oder an schönen Abenden im Garten las Schiller aus der Vossischen Odysseeübersetzung, die 1781 erschienen war, vor (von der Ilias existierte nur erst die Stolbergsche Prosaübersetzung). Auch die Mutter, der manches andere aus dem Altertum nicht sonderlich gefiel, hörte dem alten Sänger gern zu, und die Gestalt des erfindungsreichen Odysseus wurde ihnen ein plastisches Bild. „Ich lese jetzt fast nichts als Homer," schreibt Schiller am 30. August 1788 an Körner. Und wie sehr der homerische Ton ihnen gefiel, zeigen einige Billets, in denen er abgefärbt hat: „Wie haben Sie heute Nacht in Ihrem zierlichen Bette geschlafen? Und hat der süße Schlaf Ihre lieben, holden Augenlider besucht? Sagen Sie mir's in ein paar geflügelten Worten . . . Was macht Ihre Schwester? Klappert der Pantoffel schon um ihre zierlichen Füße oder liegt sie noch im weichen, wohlgeglätteten Bette?" (Schiller an Lotte.) „Guten

Morgen, lieber Freund, wie geht es Ihnen heute? Ich hoffe, Sie haben, als die dämmernde Frühe mit Rosenfingern erwachte, noch ruhig geschlummert" (Lotte an Schiller).

Aber neben dem Aufnehmen des Fremden geht auch ein beständiger Austausch des Eigenen her. Charlotte lebt förmlich mit den damals werdenden oder eben gewordenen Gestalten des Freundes. Als sie einige Tage auf dem Stein-schen Gute Kochberg verleben muß, schreibt sie: „Ich bin gestern nicht allein in den düsteren Wäldern gewesen, die lieblichen Götter Griechen-lands waren mit mir, ich las und freute mich der schönen Stellen und lernte sie. Auch heute habe ich in der niederländischen Rebellion ge-lesen." Und Schiller antwortet: „Es freut mich, wenn Sie diejenigen Stücke von mir, die mir selbst lieb sind, lieb gewinnen und sich gleichsam zu eigen machen; dadurch werden unsre Seelen immer mehr aneinander gebunden. Ich sehe diese Stücke als die Garants unsrer Freundschaft an; es sind abgerissene Stücke meines Wesens und es ist ein entzückender Gedanke für mich, sie in das Ihrige übergegangen zu sehen, sie in Ihnen wieder anzuschauen und als Blumen, die ich pflanzte, wieder zu erkennen." Und mit freundlichem Anteil spricht auch Schiller von Lottens kleinen Versuchen; sie liebte seit lange Ossians Lieder und hatte selbst manches daraus übersetzt, so den „Tod des Chuchullin". „Ich habe heute schon recht oft Ihrer gedacht und in Ihrem

Chuchullin habe ich auch gelesen. Es sind Feinheiten in gewissen Stellen der Übersetzung, die das Gepräge Ihrer Seele tragen und vielen anderen würden entgangen seyn." Er begleitet die Arbeit Charlottens an der Ordnung des schriftstellerischen Nachlasses ihres Vaters mit ermunterndem Zuspruch.

So ging der Sommer hin. Den frühzeitigen Eintritt schlechten Wetters benutzte Schiller als erwünschten Vorwand Volkstädt mit Rudolstadt zu vertauschen. Aber der Abschied wirft gleichwohl seine Schatten voraus. „Auch wenn Sie nicht mehr unter uns sind," schreibt Lottte „hoffe ich wird uns Ihr Geist nicht ganz verlassen. Trennung ist traurig, aber es ist doch besser, sich zu kennen, Anteil aneinander zu nehmen, als so in der Welt zu leben, ohne etwas voneinander zu wissen." Endlich kam der gefürchtete Augenblick; die Schwestern fuhren nach Erfurt zum Besuch ihrer Freundin Karoline von Dacheröden, der nachherigen Frau Wilhelms von Humboldt, Schiller nach Weimar. Es war unmittelbar nach seinem Geburtstag, den sie noch des gegenwärtig holden Augenblicks sich erfreuend zusammen genossen hatten.

Nun gehen die Briefe hin und her. Wie Trauer um verlorenes Glück klingt es zunächst aus ihnen, dann wie beruhigte Sicherheit, daß eins am andern weiter hangen wird. Und Charlottens nachdenklicher Sinn hängt mit Vorliebe der wunderbaren Fügung nach, die ihrem

Leben so neue große Weitung gegeben hat. „Es ist sonderbar und oft unbegreiflich, wie sich Menschen finden. Ich denke gern über die Zufälle nach, die uns oft zusammenbringen. Wir kennen uns erst ein Jahr, und mir ist's, als wären wir immer Freunde gewesen. Ihr Geist war mir zwar nie fremd, denn immer fühlte ich mich zu ihm gezogen, wenn ich von Ihnen las; aber nun ist es doch noch anders. Denn jetzt wird es mir fast unmöglich, mir meine Freuden ohne Sie zu denken, und so wird's bleiben, nicht wahr?" Und ein andermal: „Ihre Freundschaft erhellt mein Dasein ebenso lieblich als die untergehende Sonne die Wolken erhellt."

IV.

Verlobung.

Es ist klar, daß ein so immer inniger werdendes Freundschaftsverhältnis ganz naturnotwendig zu einem noch näheren Bunde führen mußte. Wenn man die Korrespondenz Blatt für Blatt durchgeht, wundert man sich, daß das entscheidende Wort immer noch nicht fällt. Eins hängt am andern wie an der Bedingung irdischen Glückes, sie werden nicht müde, sich zu versichern, daß eins ohne das andre nur ein schales und inhaltsloses Leben führt. Und doch kommt es nicht zur Erklärung. Einmal, in Karolinens Zimmer, in einem Augenblicke des Mitleids und der Tröstung über ein Herzeleid, ergriff Schiller Lottens Hand, aber das schon aus der Seele aufsteigende Wort wird abgebrochen durch das Erscheinen der Schwester. Es fehlt nicht an leicht sichtbaren Erklärungsgründen für Schillers Zurückhaltung. Daß er selbst keine sichere Existenz vor sich hatte, ist der nächste und durchschlagende. Aber auch Lottens Wesen hatte einen Zug fast verlegener Zurückhaltung. Man vermutet es nicht, nach dem naiv offenherzigen Ton der Briefe, aber es ist doch so gewesen, daß sie im persönlichen Verkehr leicht kühl erschien, und gerade dann am ehesten, wenn in ihrem Innersten die Sehnsucht nach intimster Aussprache am lebendigsten war. Sie selbst beklagt oder belächelt oft, je nach der gegenwärtigen Stimmung, diesen Zug in ihren Briefen, und auch Karoline spricht davon: sie mußte oft die Rolle der Ermutigerin spielen. Gleichwohl waren beide innerlich gewiß, daß sie füreinander bestimmt seien.

Das Hauptbedenken sollte bald schwinden. In der philosophischen Fakultät von Jena wurde durch den Weggang des Professors Eichhorn ein Lehrstuhl für Geschichte frei. Nun setzte der Einfluß Karolinens ein. Sie bestimmte Frau Charlotte von Stein, ihr gewichtiges Wort bei Goethe einzulegen, daß Schiller für diese Professur bei den thüringischen Regierungen in Vorschlag gebracht würde. Die historischen Arbeiten Schillers, insbesondere der „Abfall der Niederlande“, ließen diesen Vorschlag zugleich in dem Lichte durchaus sachlicher Berechtigung erscheinen. Goethe erfüllte den Wunsch, und die Stelle wurde Schiller übertragen.

Beide Schwestern waren beglückt über die vollendete Tatsache, die Schiller ihnen meldete. Lotte findet, „daß das Glück es gut mit uns meint“, und sie verhehlt nicht, daß nun ihre Befürchtung, den Freund einmal ganz verlieren zu müssen – er hatte von der Rückkehr nach Dresden, von einer Übersiedelung nach Hamburg gesprochen – beseitigt ist. Jena und Rudolstadt sind so erfreulich nahe beieinander, „wenn nehmlich der Ernsthafte Herr Professor sich noch zu uns herunter laßen will". Schiller hatte eine Reihe von Bedenken bei Übernahme der Professur nur schwer unterdrückt, insbesondere auch das eine, daß er doch kein Historiker von Fach sei und daher die Erfüllung der neuen Pflichten ein außerhalb seiner poetisch-schöpferischen Neigungen liegendes großes Maß von rein gelehrter Arbeit bringen werde. Charlotte sucht ihm das alles nach Kräften auszureden, stellt ihm die Annehmlichkeit einer großen Wirksamkeit vor, tröstet ihn mit der Möglichkeit, daß gerade diese Studien ihm neue dramatische Stoffe zuführen werden. Auch vergißt sie nicht, in Erinnerung an die gemeinsam oft genossene Freude an schöner Landschaft, ihm den Reiz der Umgebung Jenas in leuchtenden Farben zu schildern; „die Berge haben so schöne Formen, so leicht, so luftig!"

Während nun Schiller sich allmählich in die Aussicht hineinfand, die nächsten Jahre als Universitätsprofessor zuzubringen, und sogar schon recht bald an die erste häusliche Einrichtung in Jena dachte, erschien den Schwestern die neue Wendung immer mehr in rosigem Licht. Die Briefe, die zwischen Weimar und Rudolstadt und dann zwischen Jena und Rudolstadt hin-

und hergehen, nehmen einen immer intimeren Ton an; Charlotte, die nicht nur von ihrer Schwester oft hatte hören müssen, daß sie mit ihrer Persönlichkeit und im Gespräche nicht genug aus sich herausträte, und die auch selbst über eine gewisse, als Kälte erscheinende Befangenheit klagte, erschließt sich in den Briefen immer mehr und mehr. Wir finden Stellen, die, angeknüpft an Berichte über die jeweilige Lektüre oder auch über Menschen, die sie gesehen hat, intimere Reflexionen über sich selbst enthalten, Reflexionen, denen Schiller mit ebenso vertrauensvollen Ergießungen antwortet. So schreibt sie einmal im Anschluß an Knebels Urteile über Plutarch: „Mir kommt es vor, als wären Plutarchs Biographien nicht sogleich anschaulich für jeden Leser; ich nehme es nach mir; es sind viele Jahre hingegangen, ehe ich rechte Freude daran fand oder war meine Sucht nur das Neue zu lesen schuld daran? Wie ich klein war, wollte ich immer recht klug tun und recht viel Verstand zeigen. Ich möchte wohl, daß ich weniger dazu wäre erzogen worden, mehr scheinen zu wollen als ich wirklich war. Ich war sonst erstaunlich eitel und haschte nach Lob, jetzt aber ist das alles durch Nachdenken vertrieben worden, aber es hat mir lange angehängt.“ Oder sie sagt in Anknüpfung an die Lektüre der Schriften Friedrichs des Großen und an dessen Verhältnis zu Voltaire: „Es ist nun einmal so in der menschlichen Natur! Alles wechselt, und das ist leider bei der Freundschaft der Fall auch zuweilen; aber doch ist's traurig, daß es so ist, denn wie schön ist nicht das Gefühl vom Bleibenden. Mich macht der Gedanke an Veränderlichkeit traurig, und tut mir weh. Mich macht Freundschaft so glücklich, daher fühle ich's doppelt, wenn ich mir es so denke." Religiöse Gegenstände werden berührt. Charlotte hatte bis zur Bekanntschaft mit Schiller, soweit unsere Kenntnis reicht, in naiver Hingabe an die überlieferten kirchlichen und religiösen Vorstellungen gelebt; durch Schiller waren ihre Gedanken über diese Fragen erregt worden, und durch die Lektüre der „Götter Griechenlands", des „Geistersehers", sowie von Schriften, die Schiller den beiden Schwestern von der Weimarer Bibliothek sandte, war mancher Zweifel in ihrer Seele aufgestiegen. Sie denkt über das Leben nach dem Tode nach. „Die Decke, die uns den andern Zustand nach diesem verhüllt, ist mir oft ein Beweis, daß wir für den Augenblick leben sollen; der menschliche Stolz bildet sich zu schöne Träume von dem Zwecke seines Daseins, und er sollte sich begnügen, daß er auf dieser Stufe wo er ist, steht. Es ist wahr, daß wir unser Glück, unsere Moralität als den Zweck unseres Lebens ansehen müssen, ohne an ein künftiges Dasein zu denken, wofür wir hier nur leben sollten. Die Welt wird einem dadurch so wenig, und es ist hier unsere Bestimmung. Ich möchte oft aufgebracht werden, wie manche Menschen so auf alles sich resignieren, um in einem künftigen Zustand das Glück erst zu finden, was sie hier in dem wirklichen, wo sie sich befinden, schon genießen können. Man sollte gar nichts von allem diesen den Menschen lehren; es ist gewiß weniger Verdienst dabei gut zu sein um künftig belohnt zu werden, als gut zu sein um sich selbst willen, um den Plan der Natur zu erfüllen." Aber wenn auch die Briefe, ein schöner Widerschein der Welt, in der sich die Gespräche der Frauen mit Schiller bewegten, oft solche Reflexionen enthalten, sie enden doch immer mit einer persönlichen Wendung; bald meldet sie, daß die Wasser der Saale wieder frei sind vom Eise, daß die Berge in den ersten Strahlen der Februarsonne blauen und die Landschaft beginnt wieder in den Zustand zu treten, in dem sie der Schauplatz der fröhlichen Streifereien des vorigen Sommers war; bald entwirft sie eine anmutige Schilderung des Gartens und des Gartenhauses, das nun bald wieder in stand gesetzt werden muß; bald klagt sie über Besuche und Gesellschaften, die ihre Einsamkeit in Rudolstadt stören und ihr nichts sind, und daß eine Gesellschaft ihr fehlt, die ihr „so viel" sei. Und als Schiller sein Amt angetreten hat und die erste Vorlesung vorüber ist, da malt sie sich aus, wie das alles wohl sein mag und wünscht sich selbst hinüber. „Sagen Sie mir was Sie den Herren Studenten vorgesetzt haben, ich möchte es wohl mit anhören, welche wichtigen Mienen Sie machen werden. Gute Nacht lieber Freund!" Die Sehnsucht, die die beiden Menschen zueinander zog, führte denn auch zu einigen persönlichen Zusammenkünften; Schiller war einigemal in Rudolstadt, die Schwestern reisten durch Jena nach Burgörner zu Dacherödens. Aber nach jeder Zusammenkunft, in denen meistens die Anwesenheit andrer Menschen eine freie Aussprache verhinderte, werden die Briefe um so sehnsüchtiger; alles drängt zu einem klärenden, entscheidenden Wort.

Für den Sommer des Jahres 1789 hatten die Schwestern einen Aufenthalt im Bade Lauchstädt in Aussicht genommen, und Schiller, der in Leipzig ein Zusammentreffen mit Körners plante, wollte über Lauchstädt reisen; dieser Plan wurde ausgeführt, und hier in Lauchstädt ist das erlösende Wort gefallen. Es war nicht zwischen Schiller und Lotte selbst, sondern, so weit wir unterrichtet sind, scheint Karoline in einem Gespräch mit dem Freunde den seelischen Zustand Charlottens geschildert und ihm die Gewißheit gegeben zu haben, daß Lotte ihn liebe. Es scheint, daß Schiller gleich nachdem er die Gewißheit der Liebe Charlottens erlangt hatte, nach Leipzig reiste und von einer Zwischenstation den nachfolgenden Brief an Charlotte geschrieben hat:

3. August, Montag.

Ist es wahr, theuerste Lotte? darf ich hoffen, daß Caroline in Ihrer Seele gelesen hat und aus

Ihrem Herzen mir beantwortet hat, was ich mir nicht getraute, zu gestehen? O wie schwer ist mir dieses Geheimniß geworden, das ich, solange wir uns kennen, zu bewahren gehabt habe! Oft, als wir noch beysammen lebten, nahm ich meinen ganzen Muth zusammen, und kam zu Ihnen, mit dem Vorsatz, es Ihnen zu entdecken – aber dieser Muth verließ mich immer. Ich glaubte Eigennutz in meinem Wunsche zu entdecken, ich fürchtete, daß ich nur meine Glückseligkeit dabey vor Augen hätte und dieser Gedanke scheuchte mich zurück. Konnte ich Ihnen nicht werden, was Sie mir waren, so hätte mein Leiden Sie betrübt, und ich hätte die schöne Harmonie unserer Freundschaft durch mein Geständniß zerstört, ich hätte auch das verloren was ich hatte, Ihre reine und schwesterliche Freundschaft. Und doch gab es wieder Augenblicke, wo meine Hoffnung auflebte, wo die Glückseligkeit, die wir uns geben konnten, mir über alle Rücksichten erhaben schien, wo ich es sogar für edel hielt, ihr alles Uebrige zum Opfer zu bringen. Sie konnten ohne mich glücklich seyn – aber durch mich nie unglücklich werden. Dieses fühlte ich lebendig in mir – und darauf baute ich dann meine Hoffnungen. Sie konnten sich einem andern schenken, aber keiner konnte Sie reiner und zärtlicher lieben als ich. Keinem konnte Ihre Glückseligkeit heiliger seyn, als sie es mir war und immer seyn wird. Mein ganzes Daseyn, alles was in

Friedrich Schiller.
Gemälde im Körner-Museum zu Dresden.

mir lebt, alles, meine theuerste, widme ich Ihnen, und wenn ich mich zu veredeln strebe, so geschiehts, um Ihrer immer würdiger zu werden, um Sie immer glücklicher zu machen. Vortrefflichkeit der Seelen ist ein schönes und ein unzerreißbares Band der Freundschaft und der Liebe. Unsere Freundschaft und Liebe wird unzerreißbar und ewig seyn, wie die Gefühle, worauf wir sie gründen.

Vergessen Sie jetzt alles, was Ihrem Herzen Zwang auflegen könnte, und lassen Sie nur Ihre Empfindungen reden. Bestätigen Sie, was Caroline mich hoffen ließ. Sagen Sie mir, daß Sie mein seyn wollen, und daß meine Glückseligkeit Ihnen kein Opfer kostet. O versichern Sie mir dieses, und nur mit einem einzigen Wort. Nahe waren sich unsere Herzen schon längst. Lassen Sie auch noch das einzige fremde hinwegfallen, was sich bisher zwischen uns stellte, und nichts nichts die freye Mittheilung unserer Seelen stören.

Leben Sie wohl theuerste Lotte. Ich sehne mich nach einem ruhigen Augenblicke Ihnen alle Gefühle meines Herzens zu schildern, die in dem langen Zeitraum, daß diese Einzige Sehnsucht in meiner Seele lebt, mich glücklich und wieder unglücklich gemacht haben. Wie viel habe ich Ihnen noch zu sagen?

Säumen Sie nicht, meine Unruhe auf immer und ewig zu verbannen. Ich gebe alle Freuden meines Lebens in Ihre Hand. Ach, es ist schon lange, daß ich sie mir unter keiner andern Gestalt mehr dachte, als unter Ihrem Bilde. Leben Sie wohl, meine theuerste."

Einfach und doch der Ausdruck des vollen Glückes ist der Brief, den Charlotte gleich darauf an Schiller richtete.

„Schon zweimal habe ich angefangen, Ihnen zu schreiben, aber ich fand immer, daß ich zu viel fühle um es ausdrücken zu können. Karoline hat in meiner Seele gelesen, und aus meinem Herzen geantwortet. – Der Gedanke, zu Ihrem Glück beitragen zu können, steht hell und glänzend vor meiner Seele. Kann es treue, innige Liebe und Freundschaft, so ist der warme Wunsch meines Herzens erfüllt, Sie glücklich zu sehen. Für heute nichts mehr, Freitag sehen wir uns. Wie freue ich mich unsern Körner zu sehn! und Sie Lieber in meiner Seele lesen zu laßen, wie viel Sie mir sind. adieu! ewig Ihre treue Lotte."

Sie haben sich dann in Leipzig gesehen, und hier ist auch alles besprochen worden, was nun weiter zu geschehen hatte. Denn eine Schwierigkeit erhob sich; noch konnte nicht wohl daran gedacht werden, der Mutter, der chère mère, mit einem förmlichen Antrage zu nahen. Karoline selbst, die in diesem Verhältnisse eine Art Vorsehung spielte, riet davon ab; denn es war nur natürlich, daß Schiller zunächst eine Verbesserung seiner ökonomischen Lage vom Herzoge erbat, und alle drei hielten es nicht für billig, bevor sie eingetreten sei, der Mutter Sorgen zu bereiten. So dauerte ein gewisses Versteckspiel vor Frau von Lengefeld noch längere Zeit an.

Das neue Verhältnis erzeugte ganz natürlich den Wunsch nach längerem persönlichen Zusammensein und so verabredete man, daß Schiller nach Schluß des Sommersemesters (der damals erst im September stattfand) auf einige Wochen nach Volkstädt kommen sollte. Ein „sehbarer" Brief wurde an die Schwestern geschrieben, der Mutter gezeigt, und nach leichter Überwindung der Bedenken wurde der Plan auch von ihr gebilligt. Die Mutter war mittlerweile vom Hofe mit der Erziehung der Prinzessinnen betraut, und mußte den Tag über auf dem Schlosse sein; wir verstehen die Bedenken der, wie wir wissen, auf das Konventionelle gerichteten Dame.

Über diesem zweiten Aufenthalte Schillers in Volkstädt-Rudolstadt hat es wie ein leichter Nebel gelegen, der das Glücksgefühl nicht ganz sonnenhaft durchbrechen ließ. Es kam mancherlei zusammen. Daß man gegen die Mutter nicht offen sein konnte, mochte vielleicht nicht so schwer empfunden werden, da es aus zarter Rücksicht auf deren eigne Ruhe geschah. Aber die ungewisse Zukunft! Würde der Herzog geneigt sein, auf Schillers Bitte um Gehalt, und wäre es noch so wenig, einzugehen? In den Hofkreisen, denen ja Charlotte besonders durch Frau von Stein so nahe stand, wußte man ganz genau, daß der Herzog selbst sich in finanzieller Beklemmnis befand. So wurden denn, für den Fall enttäuschter Hoffnungen, allerlei Pläne geschmiedet, ohne daß doch auch bei diesen die Herzen warm werden konnten. Am heitersten erschien noch die Möglichkeit, durch den Koadjutor Dalberg in Erfurt, dem Karoline von Dacheröden nahe stand und der sich sehr für die Lengefelds und neuerdings auch für Schillers schriftstellerische Tätigkeit interessierte, nach Mainz zu kommen. Er war damals noch in Erfurt und war für den Mainzer Erzbischofssitz bestimmt, wenn dieser erledigt werden würde. In der Korrespondenz des Dacheröden-Lengefeldschen Kreises spielt darum der erhoffte Tod des Erzbischofs, auch nach Schillers Verheiratung noch, eine große Rolle. Aber im Grunde glaubt niemand so recht an die Verwirklichung der Mainzer Aussichten, und Charlotte selbst, die mit heißer Liebe an ihrer thüringischen Heimat hing, vermochte dieser Aussichten, auch wenn sie begründeter gewesen wären, doch nicht recht froh zu werden.

Es waren andere, ernstere Dinge, die jenen Nebel nicht zerreißen ließen. Wir deuten nur an, was in jeder Schillerbiographie nachzulesen ist: um jene Zeit hat Charlotte von Kalb, die zweifellos Schiller noch von der Mannheimer Zeit her liebte, Ansprüche an ihn gemacht. Er selbst hatte jene Gefühle überwunden, die er selbst einmal „eine miserable Leidenschaft“ nannte; Charlotte von Kalb aber, einst gezwungen zu einer Ehe, die ihr kein Glück verhieß und die sie in der Folge tief unglücklich gemacht hat, hatte jene schwärmerische Liebe zu Schiller bewahrt. Ohne Blick für die realen Mächte des Lebens und den wahren Kern des Menschen hatte sie nicht verstanden, daß diese Gefühle für Schiller nur eine Episode bedeuteten, durch die er hindurchgeschritten war; und nun betrieb sie die Scheidung von ihrem Manne, um, wie gar nicht zu bezweifeln ist, Schiller zu heiraten. Man kann sich denken, daß ihm, besonders angesichts des äußerst leidenschaftlichen und in der Leidenschaft unberechenbaren Wesens dieser Frau, nicht wohl ums Herz war. Es scheint, daß er nur Karolinen diese Stimmungen und Befürchtungen mitgeteilt hat. Er selbst hatte sich nichts vorzuwerfen; er mochte aber um Lottens Ruhe besorgt sein. Und daß diese Befürchtungen nicht ganz ohne Grund waren, zeigt ein anonymer, von Charlotte von Kalbs Hand stammender Brief, in dem Schillers Braut vor ihm gewarnt wird. Allerdings kam dieser Brief erst später, nachdem zwischen Schiller und Lotte Aussprachen vorhergegangen waren, die allen Anfechtungen von vornherein die Spitze abbrachen.

Schwieriger waren die Stimmungen, die zu den ebengenannten Aussprachen führten. Wir stehen hier vor etwas recht Sonderbarem. Wer die Briefe liest, die vor und nach der Verlobung zwischen Schiller und den Lengefeldschen Schwestern gewechselt sind, dem wird auffallen, daß Schiller beiden Schwestern gegenüber denselben Ton inniger, oft leidenschaftlicher Zuneigung anschlägt. Oft sind die Briefe an beide zusammen gerichtet; oft enthalten die Umschläge zwei Schreiben: „an Lottchen" und „an Karoline"; offenbar aber las jede Schwester auch das für die andere bestimmte Blatt. Man liest mit Erstaunen Briefstellen wie diese: „O meine teure Caroline! meine teure Lotte! Wie so anders ist jetzt alles um mich her, seitdem mir auf jedem Schritt meines Lebens nur euer Bild begegnet. Wie eine Glorie schwebt eure Liebe um mich, wie ein schöner Duft hat sie mir die ganze Natur überkleidet." „Ich sehe euch, ich werde euch öfter sehen, ich werde euch an mein Herz schließen können." „Das Leben an euren liebevollen Herzen ist eines größeren Kampfes wert als ich noch zu kämpfen habe. Meine Seele schlingt sich um euch. Könnten meine Arme euch umfassen! Könnte ich euer schlagendes Herz an dem meinigen fühlen." „Konnte ein Wunsch noch Raum haben in meinem Herzen, da ihr mein geworden seid?" Oder gar an Karoline allein: „Sei wachsam über Deine Gesundheit! Meine Glückseligkeit hängt an Deiner Liebe, und Du mußt gesund sein, wenn Du liebst." „Ich kann Dir nicht sagen, nicht Worte finden, wie meine Seele Dich umfaßt, und dieses verdirbt mir die Freude am Schreiben. Alle meine Gedanken umschlingen Dich und könnte ich nur, in welcher Gestalt es auch sei – wär' es nur mit diesem Herzen – um Dich wohnen. Adieu, lieber Engel. Lebe wohl.“

Wir würden diese sonderbaren Stimmungen noch genauer kennen, wenn uns die Briefe Karolinens aus jener Zeit erhalten wären. Aber sie sind es nicht. Schillers Tochter Emilie hat sie vernichtet. Daß auch sie in ähnlichem Tone gehalten waren, ist aus inneren Gründen nicht zu bezweifeln; auch lassen aus etwas früherer Zeit erhaltene Briefe Karolinens darauf schließen.

Charlotte hat dieses Verhältnis zunächst ganz naiv aufgefaßt. Sie stand mit ihrer Schwester in engster Lebensgemeinschaft. Sie hatten gemeinschaftlich Schiller kennen gelernt. In der Volkstädter Zeit und auch später waren sie bei persönlichem Zusammensein beide zugleich um Schiller gewesen. Beiden zugleich hatte er sein Inneres erschlossen. Zu beiden hatte er in gleicher Weise gesprochen. Und auch als sich das nach der Verlobung fortsetzt, ist es zunächst für Charlotte noch wie eine liebe und selbstverständliche Gewohnheit; und es begegnet uns in den Briefen nichts, was auch nur entfernt wie eine Eifersucht auf Karoline gedeutet werden könnte. Charlotte schreibt einmal (am 6. Sept. 1789!): „Auch in Dein Herz, Geliebter, will ich die geheimsten Gefühle meiner Seele legen, Dir jede Empfindung mitteilen; es ist mir ein schöner Gedanke, daß Du uns (!) ohne Rücksichten ganz frei Deine Seele vorhältst, Du wirst uns (!) dadurch immer lieber, wenn Du es noch mehr werden kannst. O gewiß werden wir es nie bereuen alles Glück unsres Lebens auf Deine Liebe gesetzt zu haben."

Der erneute persönliche Aufenthalt Schillers im Herbst 1789 brachte eine Wendung. Charlotte fühlte, daß die gereiftere ältere Schwester dem Dichter durch manche Erfahrung und durch das Nachdenken über viele Lebensprobleme mehr bot als sie es konnte, daß das impulsive rasche Wesen Karolinens in manchen Augenblicken sein Gespräch zu ihr hinzog. Denn das ist der wesentliche Unterschied in der Natur der beiden Schwestern: Charlotte wirkte durch ihr Sein, durch die Geschlossenheit ihres Wesens, Karoline durch die glänzende und hinreißende Wirkung einzelner Äußerungen ihres beständig erregten Gefühls- und Gedankenlebens.

Charlotte empfand das tief und schmerzlich. Aber, und das ist für ihr Wesen mehr als alles charakteristisch: in ihrer Seele ist kein Raum für Vorwürfe, weder gegen Karoline noch gegen Schiller. Ihre Liebe will nur das Glück des Geliebten. „Ängstlich sah ich Dich gehn, denn ich wußte nicht, ob nicht mein Bild aus Deiner Seele verdrängt werden konnte, ob Dir nicht ein anderes Wesen das geben könnte, was nur meine Liebe Dir zu geben wünschte. Dein Kommen erwartete ich furchtsam, ob ich Dich noch so finden würde wie ehedem." „Bei Deinem Aufenthalt unter uns kam mir zuweilen ein Mißtrauen auf mich selbst an, und der Gedanke, daß Dir Karoline mehr sein könnte als ich, daß Du mich nicht zu Deinem Glücke nötig hättest, zog mich auch mehr in mich selbst zurück." „Wenn zuweilen meine Gefühle zu hoch gestimmt sind, und ich dann alles mit mehr Innigkeit umfasse, kommt mir auch ein Gedanke mit, der mir weh thut. Ob Du mich auch immer so finden wirst, wie mein Wesen in Deiner Seele steht? Könntest Du Dir nicht zu hohe Begriffe von mir machen? Kann ich Dir auch wirklich so wie meine warme Liebe zu Dir es möchte, Dein Leben verschönern, Lieber?" Dieser Ton weckte auch Schiller auf. Der Brief, den er ihr als Antwort auf die von uns zuletzt zitierte Stelle geschrieben hat, läßt keinen Zweifel darüber, daß er viel von Karoline hält, aber ebensowenig darüber, daß Charlotte ihm innerlich näher steht. Und als nun auch von Karoline von Dacheröden, der sie ihre stillen Schmerzen anvertraut hatte, ein Brief anlangte, der mit tiefem Verständnis auf Schillers und dadurch zugleich mit ermutigenden Worten auf Charlottens Gefühle einging, da trat Beruhigung ein. Und aus den nächsten Briefen bricht dann mit fast elementarer Gewalt die heiße Sehnsucht hervor, mit dem Geliebten erst ganz vereinigt zu sein und dann, um ihn webend, alles Glück über ihn zu breiten, dessen sie sich fähig fühlt. –

Es war nicht möglich das Geheimnis vor der chère mère so lange zu wahren, als man ursprünglich gewollt hatte. In Jena, in Weimar, in Erfurt, auch in Rudolstadt begann man im Publikum von dem Verhältnis Schillers zum Lengefeldschen Hause zu sprechen. Und um zu verhindern, daß die Mutter von anderen zuerst unterrichtet wurde, beschloß man, sich auszusprechen. Wieder war es Karoline, die hier das Wort ergreifen mußte. Am 15. Dezember, von Erfurt aus, teilte sie der Mutter alles mit. Diese antwortete sofort. Es ist ein hübscher Brief:

Dein heutiger Brief meine Caroline hat mich so erschüttert und überrascht, daß ich nicht in Stande bin eine einzige Zeile darauf zu antworten. Daß kann Lotchen versichert seyn daß nie mein Mund heuchelte, wenn ich Euch sagte: daß auf Eure Glückseeligkeit meine ganze Wohlfahrt gegründet sey. Mehr heute zu sagen ist unmöglich. Ich bitte Gott daß er uns alle Regieren möge, auch ich verlaße mich fest auf die Vorsehung, und wehe mir wenn ich solches nicht thäte, da ich bestimmt zu sein scheine, in die sonderbahrsten Lagen von der Welt zu kommen, ohne einen Freund oder Rathgeber zu haben, dem ich mich anvertrauen kann. In der Zwieback Schachtel werdet Ihr 30 Rthlr finden, ich wollte sie der Bothen Frau nicht anvertrauen.

Lebt wohl ich bin ewig Eure treue Mutter

von Lengefeld.

Und gleich darauf schrieb auch Schiller den Brief, der über sein Leben entscheiden sollte:

Jena, den 18. Dec. 89. [Freitag.]

Wie lange und wie oft, seit mehr als einem Jahre, gnädige Frau, habe ich mit mir selbst gestritten, ob ich es wagen soll Ihnen zu gestehen, was ich jetzt nicht mehr zurück halten kann. Ich muß Sie bitten, verehrungswürdigste Freundinn, sich jetzt alles gegenwärtig zu machen, was je in Ihrem gütigen Herzen für mich sprach; ich selbst muß mir jedes Ihrer Worte zurück rufen, worinn ich Wohlwollen für mich zu erkennen glaubte, um in diesem Augenblicke Muth und Hofnung zu fassen. Es gab Augenblicke, unvergeßlich sind sie meinem Herzen, wo Sie mich vergessen ließen, daß ich ein Fremdling in Ihrem Hause sey, ja wo Sie unter Ihren Kindern auch mich mit zu zählen schienen. Was Sie damals ohne Bedeutung sagten, was nur eine vorübergehende Bewegung Ihres Herzens Ihnen eingab – wie tief ergriff es mein Herz, wo lange schon kein andrer Wunsch mehr lebte, als Ihr Sohn genannt zu werden. Sie haben es in Ihrer Gewalt, jene Aeusserungen in volle selige Wahrheit für mich zu verwandeln.

Ich gebe das ganze Glück meines Lebens in Ihre Hände. Ich liebe Lottchen – ach! wie oft war dieses Geständniß auf meinen Lippen, es kann Ihnen nicht entgangen seyn. Seit dem ersten Tage, wo ich in Ihr Haus trat, hat mich Lottchens liebe Gestalt nicht mehr verlassen. Ihr schönes edles Herz hab ich durchschaut. In so-vielen froh durchlebten Stunden hat sich ihre zarte sanfte Seele in allen Gestalten mir gezeigt. Im stillen innigen Umgang, wovon Sie selbst so oft Zeuginn waren, knüpfte sich das unzerreißbarste Band meines Lebens. Mit jedem Tage wuchs die Gewißheit in mir, daß ich durch Lottchen allein glücklich werden kann. Hätte ich diesen Eindruck vielleicht bekämpfen sollen, da ich noch nicht vorhersehen konnte, ob Lottchen auch die meine werden kann? Ich hab es versucht, ich habe mir einen Zwang vorgeschrieben, der mir viele Leiden gekostet hat; aber es ist nicht möglich, seine höchste Glückseligkeit zu fliehen, gegen die laute Stimme des Herzens zu streiten. Alles, was meine Hofnungen niederschlagen könnte, habe ich in diesem langen Jahre, wo diese Leidenschaft in mir kämpfte, geprüft und gewogen, aber mein Herz hat es widerlegt. Kann Lottchen glücklich werden durch meine innige ewige Liebe, und kann ich Sie, Verehrungswürdigste, lebendig davon überzeugen, so ist nichts mehr, was gegen das höchste Glück meines Lebens in Anschlag kommen kann. Ich habe nichts zu fürchten, als die zärtliche Bekümmerniß der Mutter um das Glück ihrer Tochter, und glücklich wird sie durch mich seyn, wenn Liebe sie glücklich machen kann. Und daß dieses ist, habe ich in Lottchens Herzen gelesen.

Wollen Sie theureste Mutter, – o laßen Sie mich bei diesem Namen Sie nennen, der die Gefühle meines Herzens und meine Hofnungen gegen Sie ausspricht – wollen Sie das theuerste was

Sie haben meiner Liebe anvertrauen? meine Wünsche durch Ihre Billigung in Wirklichkeit verwandeln, wenn es auch die Wünsche Ihrer Tochter sind, wenn wir uns beide in dieser Bitte vereinigen? Ich werde Ihnen mehr zu danken haben, als ich einem Menschen danken kann. Sie werden glücklich seyn in der Glückseligkeit Ihrer Kinder. Unsere Dankbarkeit wird geschäftig seyn, Ihr Leben zu verschönern, und Ihnen das Geschenk der Liebe durch Liebe zu erstatten.

Ich erlaube mir keine weitre Erklärung, biß Sie über die Wünsche meines Herzens entschieden haben werden. Steht nur in Ihrer Seele meinem Glücke nichts entgegen, so werden keine Hindernisse von aussen ihm im Wege stehen. Mit welcher Unruhe und Sehnsucht erwarte ich von Ihnen den Ausspruch über mein ganzes Glück! Aber Liebe allein wird Sie leiten, und darauf gründe ich frohe Hofnungen. Ewig der Ihrige mit der innigsten Ehrfurcht und Liebe.

Und die Mutter antwortete:

Ja ich will Ihnen das beste und liebste was ich noch zu geben habe meine gute Lottchen geben. Die Liebe meiner Tochter zu Ihnen, und Ihre edle Denkungsart bürgt mir für das Glück meines Kindes, und dieses allein suche ich. Verzeihen Sie aber der Sorgsamkeit und der Pflicht einer Mutter, können Sie Lottchen neben Ihrer zärtlichen Liebe (nicht ein glänzendes Glück,) sondern nur ein gutes Auskommen verschaffen? Beruhigen Sie mich über diesen Punkt, und ich nenne Sie mit Freuden Sohn. Wäre ich reich, könnte ich Ihnen mit meiner Tochter ein an-ansehnliches Vermögen geben wie gern würde ich Ihnen da zeigen, daß Verdienst und ein Herz so wie ich das Ihrige kenne, die schäzbarsten Güter der Erden für mich sind. Da mein Vermögen aber nicht groß und unser ieziges Leben diese Frage verlangt, weil ohne hinlänglichen Unterhalt kein Famielien Glück bestehen kann, so müßen Sie mir meine Aengstlichkeit vergeben. Die ich mich mit wahrer Ergebenheit und Freundschaft nenne

Ihre treue Freundin von Lengefeld.

So war in Wirklichkeit alles entschieden. Schiller gelang es, die berechtigten Sorgen der Frau von Lengefeld einigermaßen zu beschwichtigen. Das Beste tat dabei natürlich die feste Überzeugung der Mutter, daß es sich hier um das Glück ihres Kindes handelte.

Herzog Karl August erhielt am 23. Dezember die Bitte des Hofrats Schiller um Gehalt. Er mochte nicht schriftlich darauf antworten, sondern bat Schiller zu sich ins Schloß und sagte ihm, daß er gern etwas für ihn tun möchte „um ihm seine Achtung zu bezeugen"; dann setzte er mit gesenkter Stimme und einem verlegenen Gesicht hinzu, daß 200 Taler „alles sei was er könne". Schiller erwiderte, daß dies „alles sei was er von ihm haben wolle". Nun schwand die Verlegenheit des Herzogs, er erkundigte sich lebhaft nach der Heirat, und am folgenden Tage erschien er in dem bei Frau von Stein versammelten Kreise der Glücklichen und äußerte mit Selbstzufriedenheit, er gebe doch das Beste zu der Heirat, das Geld.

So waren die Wege geebnet. Schiller drängte mit stürmischer Sehnsucht. Die Mutter war einer baldigen Verbindung nicht entgegen. Der Februar wurde für die Hochzeit in Aussicht genommen.

Bevor wir aber die endliche Vereinigung der beiden Menschen erzählen, drucken wir hier noch den Brief ab, den Charlotte an ihre neue Mutter auf der Solitüde schrieb, ein schönes Zeichen ihres Wesens.

Weimar den 29. December 1789.

Ob Ihnen gleich die Züge meiner Hand fremd sind, so ist es mein Herz doch gewiß nicht, wenn Sie den Brief Ihres Sohnes, meines theuren Geliebten, gelesen haben. Liebe Mutter! Mit wahrer kindlicher Liebe gebe ich Ihnen diesen Namen, und wünsche mir herzlich, Sie selbst zu sehn. Ich möchte von Ihnen gekannt seyn, damit Sie klar fühlen könnten, wie ich meinen Schiller liebe, und es der süßeste Gedanke meiner Seele ist, für ihn zu leben, zu seinem Glück, seiner Freude etwas beitragen zu können. Ein gutes Schicksal hat uns zusammen gebracht, hat unsre Herzen verbunden, und ein neues, schönes Leben zeigt mir die Zukunft.

Ich trage die freundliche Aussicht in meinem Herzen, Sie, Ihren lieben Mann, meinen theuren Vater, meine Schwestern[1]) einst zu sehn; und hoffe, diese schöne Zeit kann bald kommen. Aber ehe sie kommt, schenken Sie mir Alle Ihre Liebe, die ich Ihnen so gern mit dankbarem Herzen erwiedre; und lassen mein Andenken unter Ihnen leben, und erlauben mir, von Zeit zu Zeit Ihnen schreiben zu dürfen, daß ich immer weiß, wie es mit Ihrer Gesundheit steht. Möchten diese Zeilen Sie wohl antreffen! Ich habe es mit vielem Bedauern gehört, daß Sie, meine geliebte Mutter, oft nicht wohl sind. Gebe Ihnen der Himmel eine dauerhafte Gesundheit! Dazumal als ich in Ihrer Familie war, – Sie werden es kaum mehr wissen, es war im Jahre 83, wo wir auf der Solitude waren, – und Sie uns so gütig aufnahmen, ahnete ich nicht, wessen Eltern ich sah, daß sie einst auch die meinigen werden würden! Von Ihnen selbst, liebe Mutter, kann ich mir kein rechtes Bild mehr machen; aber mein lieber Vater ist mir noch gegenwärtiger. Es thut mir weh, daß so wenig mehr davon mir im Gedächtniß geblieben ist; ich könnte mich

---

[1]) Außer der an Reinwald verheirateten Christophine (1757—1847) hatte Schiller zwei Schwestern, Louise (1766—1834) und Caroline Christiane, genannt Nanette (1777—1796).

lebhafter unter Sie versetzen; und ich möchte, daß auch Sie noch etwas von mir wüßten. Aber wahrscheinlich haben Sie dieses vergessen; unter der großen Menge Fremden, die immer den Ort besuchen, ist es schwer, einige zu unterscheiden. Ich freue mich der Hoffnung, Sie Alle zu sehn, recht herzlich; dann, denke ich, sollen Sie mir nicht so fremd bleiben, meine Geliebten! Könnte diese Zeit bald kommen! Meine Schwester, die mich, die Schiller liebt, sagt auch Ihnen die herzlichsten Grüße. Meine Mutter würde mir diesen Auftrag auch geben, wenn sie wüßte, daß ich Ihnen gerade jetzt schreibe. Seit vier Wochen sind wir von ihr getrennt, und leben diesen Winter hier; wir sind auch Jena einige Stunden näher, und dies macht uns viel Freude, und ist zu unserm Glück nöthig, daß wir oft Nachricht haben können von einander und uns auch öfter sehn. Leben Sie nun wohl, meine theuersten Eltern. Ich erbitte mir noch einmal Ihre Liebe, Ihren Segen zu unsrer Verbindung. Die lieben Schwestern umarme ich herzlich, und bitte sie, mich gern als ihre Schwester zu lieben.

Ihre

Lotte v. Lengefeld.

V.

Vermählung.

Am 22. Februar 1790 fand die Trauung statt, nachdem alle damals recht umständlichen Formalien der Kirche gegenüber erfüllt waren. Wenige Tage vorher hatte Schiller die beiden Schwestern in Erfurt abgeholt, am Vormittag fuhr man der von Rudolstadt kommenden Mutter bis Kahla entgegen, und nachmittags um 5 Uhr hielt der Wagen mit dieser kleinen Hochzeitsgesellschaft vor dem Kirchlein des Dorfes Wenigenjena. Ein junger Theolog Kantischer Richtung hielt die einfache Traurede. Ohne Gepränge, ganz in der Stille, wie sie es gewünscht hatten, nur in der reichen Seele die Größe des Augenblicks empfindend, wurden Friedrich Schiller und Charlotte von Lengefeld für das Leben verbunden. Dann ging es mit Mutter und Schwester nach Jena, und der Abend floß in traulichem Beisammensein dahin.

Die jungen Eheleute begründeten noch nicht einen eigentlichen Hausstand. Schiller hatte bis dahin eine Junggesellenwohnung in der sogenannten „Schrammei“ inne gehabt, einer großen, gut gehaltenen Studentenherberge, die von zwei tüchtigen Frauen, den Demoiselles Schramm, gehalten wurde. Zu den bisherigen Zimmern mietete er einige hinzu. Die Damen Schramm, besorgten die Mahlzeiten, an denen sich ein auserlesener Kreis junger Leute, die durch Schillers Ruf und durch die von Prof. Reinhold vorgetragene Kantische Philosophie nach Jena gezogen waren, beteiligte. Erst 1793 haben Schiller und seine Frau eine eigene Wohnung mit vollständig eigener Wirtschaft bezogen.

Stilles Glück umfing die beiden. Wir haben zahlreiche Äußerungen Schillers aus diesen Tagen. „Was für ein schönes Leben führe ich jetzt!“ schreibt er an Körner. „Ich sehe mit fröhlichem Geiste um mich her, und mein Herz findet eine immerwährende, sanfte Befriedigung außer sich, mein Geist eine so schöne Nahrung und Erholung. Mein Dasein ist in eine harmonische Gleichheit gerückt; nicht leidenschaftlich gespannt, aber ruhig und hell gehen mir diese Tage dahin.“ Auch nach der Solitüde zu den alternden Eltern, die soviel Sorge um das Glück des einzigen Sohnes gehabt hatten, flogen beglückte Briefe: „Ich lebe die glücklichsten Tage, und noch nie war mir so wohl, als wie jetzt in meinem häuslichen Kreise.“ Und wie es in Charlottens Seele aussah, mag ein Brief zeigen, den sie im Hochsommer, ihrem Mann nach Rudolstadt vorausgereist, schrieb: „Wie klar fühle ichs täglich und jetzt, daß nur bei Dir, nur unter Deinen Augen das Leben mir liebliche Blüten geben kann. Arm und leer wäre mein Herz ohne Dich. Mein besseres Leben lebe ich nur bei Dir. Ach das Scheiden auf stundenlang thut mir schon weh, und vollends auf Tage!"

So webte um Schillers Haupt der Zauber einer glücklichen Ehe. Die Frau, die ihm dieses Glück bot, verdient den Dank des deutschen Volkes; denn nur auf dem Grunde dieser Ehe konnten die großen Schöpfungen erwachsen, die Kleinode unserer Bildung. Alle anderen Einflüsse, selbst der Goethes, reichen nicht heran an das stille tägliche Walten dieser Frau, die in feinem Verständnis sich ihm anschloß, wenn er Mitteilung begehrte, und mit zartem Sinne zurücktrat, wenn die großen Gedanken sich zum Licht emporrangen; die ihn hegte und pflegte in den bangen Tagen der Krankheit und die uns dieses Leben bis an die äußerste Grenze der Möglichkeit erhalten hat.

Es ist nicht möglich, Charlottens Leben in dieser Ehe zu erzählen, ohne ein Bild von Schillers Leben aufzurollen. Und das kann nicht die Aufgabe dieses Buches sein. Alles was sie ihm gewesen ist, erschöpft sich in dem einen, daß sie im höchsten und besten Sinne seine Lebensgenossin war, in Freud und Leid gleich beständig, daß sie zu ihrem Teile jenen Begriff der Ehe dargestellt hat, der über allen Wechsel der Zeitanschauungen erhaben ist: völlige Einheit in der Zweiheit. Schiller hat mehr als einmal den Gegensatz und die gegenseitige Ergänzung der Geschlechter in seinen Dichtungen dargestellt; seiner dialektischen und zu Antithesen neigenden Natur gemäß hat er das Charakteristische des Verhältnisses in dem Gegensatz von stark und zart, von Kraft und Milde, von Leidenschaft und Stille gefunden; immer aber hat er das Wesentliche der Wirkung, die die Frauen auszuüben bestimmt sind und fähig sein sollen, darin gefunden, daß sie nicht wie der Mann durch ihre Einzelleistungen etwas sind, sondern durch ihre Persönlichkeit, durch die Geschlossenheit ihres Wesens, die stillend und beruhigend in diesem Chaos wirkt. Das ist es, was er mit dem holden Zauber meint, den ihre bloße Gegenwart schon ausübt. Diese Züge sind zweifellos von Charlotte von Lengefeld genommen, wie auch sie das Muster gewesen ist zu den unvergleichlichen und unvergänglichen Worten, mit denen er in der Glocke das Verhältnis der Geschlechter ausdeutet.

Schiller und Lotte haben sich in Jena bald der freundlichen Teilnahme weiterer Kreise zu erfreuen gehabt. Im Hause des Kirchenrats und Theologieprofessors Griesbach gingen sie aus und ein; Frau Griesbach, die in dem Briefwechsel aus uns unbekannten Gründen meist „der Lorbeerkranz" genannt wird, hatte schon früher den jungen Professor bemuttert und ihm auch wohl eine Frau aussuchen wollen; jetzt nahm sie sich gleichwohl der Frau von Schillers eigener Wahl mit großer Herzlichkeit an. Ein schwäbischer Landsmann, Paulus, Professor an der Universität, der Jurist Hufeland, der Arzt Starke, der in späteren Tagen seine Kunst so oft an Schiller zu Ehren bringen mußte, alle standen in freundlichen Verkehrsbeziehungen zum Schillerschen Hause. Dazu kamen die jungen Leute, von denen ich oben sprach: Friedrich von Hardenberg (der spätere Novalis), Erhard aus Nürnberg, Karl Groß aus Livland, der Schwabe Groß, von Fichard aus Frankfurt. Am nächsten standen Charlotten Fritz von Stein, der Sohn Charlottens von Stein, für den ja Goethe soviel Interesse gezeigt hat, und der Rheinländer Bartholomäus Fischenich, der nachher eine glänzende Laufbahn im preußischen Staatsdienste machte. Mit diesen beiden ist Charlotte auch im Witwenstande, wie wir später darstellen werden, in beständigen, herzlichen Beziehungen geblieben.

Das erste Jahr der Ehe ging in heiterer Freude und großer Tätigkeit dahin. Aber dann kamen dunkle Wolken. Ein furchtbarer Krankheitsanfall, eine Lungenentzündung, warf Schiller auf das Krankenlager. Einen Augenblick glaubte er sterben zu müssen: es war der Moment, wo er sich die Bleifeder geben ließ und auf ein Papier die Worte schrieb – die Sprache war ihm benommen –: „Sorget für eure Gesundheit, ohne sie kann niemand gut sein." Mehrere ähnliche Anfälle traten in größeren Zwischenräumen auf. In solchen Tagen zeigte sich, was Charlotte war. „Wohl Dir," schreibt Körner an seinen Freund, „daß Du eine so brave Gattin hast. Ohne ihre große Sorgfalt hättest Du schwerlich gerettet werden können." Und wie sehr gerade Schiller um ihretwillen am Leben hing, zeigen die Worte an Körner: „Alles Leiden, was ich in diesem Momente fühle, verursachte der Anblick, der Gedanke an meine gute Lotte, die den Schlag nicht würde überstanden haben." Eine Stelle aus einem späten Briefe, 1805, des Livländers Karl Groß zeigt uns eine Szene aus jenen Krankheitstagen:

„Erinnern Sie sich eines Augenblicks, der mir unvergeßlich ist, als Schiller in Rudolstadt so krank war: Ich befand mich in seinem Zimmer und hatte, indem ich am Fenster stand und las, mir das Bild des Leidenden und das Edle und Große, welches seine Form und seine Züge umschwebte, tief eingeprägt. Er hatte, soviel ich weiß, etwas Opium genommen, die heftigen Krämpfe zu stillen, und lag da, leicht entschlummert, wie ein Marmorbild. Sie befanden sich im Nebenzimmer, wo ich Ihnen die Schillersche Übersetzung des vierten Buchs der Äneide vorgelesen hatte, und von Zeit zu Zeit kamen Sie an die Thüre, sich nach Schillern umzusehen. Sie sahen ihn also da liegen und nahten leise auf bloßen Strümpfen, und eben so leise knieten

Sie mit gefalteten Händen vor sein Bett hin. Ihr loses dunkles Haar floß über die Schulter. Still weinte Ihr Auge. Sie hatten es wohl kaum bemerkt, daß noch jemand im Zimmer war. Der ohnmächtige Kranke schlug indessen die Augen auf. Er erblickte Sie; mit Leidenschaft umschlangen plötzlich seine Arme Ihr Haupt, und so blieb er auf Ihrem Nacken ruhen, indem ihn die Kraft von neuem verließ. Verzeihen Sie, daß ich's wagte, Ihnen eine Szene zu schildern, die so heilig und himmlisch war, daß nur Unsterbliche sie belauschen sollten. Begreifen Sie nun, daß ich Schiller und Sie nie vergessen konnte?"

Diese Krankheitsfälle, die ihnen folgenden Schwächezustände und ein Kuraufenthalt in Karlsbad im Spätsommer 1791 hatten die üble Folge, daß die Einnahmen, auf die Schiller bei guter Gesundheit aus dem Gebrauch seiner Feder hatte rechnen können, ausblieben. Und nun klopft noch eine andre Sorge an die Tür, grau wie die Krankheit selbst. Es muß schlimm bestellt gewesen sein, denn man wandte sich an den Herzog um eine Erhöhung der „Pension". Karl August konnte sich nach der Lage seiner eigenen Verhältnisse auf eine dauernde Verbindlichkeit nicht einlassen, schickte aber eine größere einmalige Summe mit folgendem Briefe, der das nun schon langjährige freundliche Interesse des Fürsten für Charlotte deutlich zeigt:

„Hoffentlich, liebes Lottchen, wird der Krankheitszustand Schillers nicht von Dauer sein und er sich sobald wieder erholen, daß sein Geist, von den Unregelmäßigkeiten des Körpers befreit, wieder im Stande sein wird, für die Bedürfnisse des wiederhergestellten Begleiters zu sorgen. Da der Mangel der Einnahme hoffentlich nur ein Jahr dauern wird, so schicke ich Ihnen soviel als etwa nötig sein möchte, die Lücke auszufüllen, welche nach Abzug des Zuschusses Ihrer Frau Mutter und meiner Pension noch an dem Notwendigsten übrig bleiben möchte. In einem Jahr wird es sich zeigen, wie alsdann die Umstände sein werden, und alsdann werden sich Mittel finden, den Gang der Dinge bequem fortzusetzen."

Da kam bald nachher das Anerbieten zweier großherziger Männer, des Herzogs von Augustenburg und des Grafen Schimmelmann. Es war wieder wie eine Fügung; im Augenblick höchster Not Hilfe von ganz fremder Seite, wie einst Körners Brief nach Mannheim.

Wir wissen, welche Wirkung diese Sendung auf Schiller ausübte. Er atmete auf. Mit alten Wünschen, die nun erfüllt werden konnten, stiegen Heiterkeit und auch eine gewisse fröhliche Zuversicht auf die Gesundung auf. Nun führte Schiller zunächst seine Frau nach Dresden, um sie in längerem Zusammensein mit Körner bekannt zu machen. Es hatte anläßlich der Verlobung eine leichte Erkaltung zwischen den Freunden stattgefunden, einmal weil Schiller ihm nicht von vornherein alles über die werdenden Beziehungen mitgeteilt hatte, und sodann auch wohl, weil die Frauen des Körnerschen Kreises doch einer ganz anderen gesellschaftlichen Welt angehörten und sie sich für Schiller nicht gerade einer adligen und in einem gewissen geistig exklusiven Kreise lebenden Braut versehen hatten. Aber das war nur eine vorübergehende Stimmung gewesen, und die offene Aussprache hatte, wie immer, alles beseitigt. Als sie dann von Dresden zurück kamen, erhielten sie den Besuch von Schillers Mutter und jüngster Schwester Nanette. Alte Erinnerungen wachten in Schiller auf; langgehegte Sehnsucht, die Heimat wiederzusehen, ergriff ihn mit großer Gewalt; und wenn Mutter und Schwester nun einen Einblick in sein glückliches Eheleben getan hatten, so sollte auch der Vater dessen Augenzeuge werden. In Charlotte war die Neigung groß, Schwaben wiederzusehen und nun mit ganz anderen Empfindungen die Stätten wiederzubetreten als einst, da sie auf dem Wege nach der Schweiz als Touristin auf der Solitüde gewesen war. Überdies versprach sie sich, gestützt auf das Urteil ihres Arztes, von einem Aufenthalt im württembergischen Klima für ihren Gemahl die beste Wirkung und war auch dem Gedanken geneigt, unter der Fürsorge von Schillers Jugendfreund, des nunmehrigen berühmten Arztes von Hoven, ihr erstes Wochenbett abzuhalten — denn im Frühjahr 1793 war es ihnen zur beglückenden

Gewißheit geworden, daß sie der Geburt eines Kindes entgegensehen durften.

So zog man denn nach Schwaben. Es ist bekannt, welche Bedeutung der längere Aufenthalt in der alten Heimat für Schiller gehabt hat. An allem hat Charlotte regsten Anteil genommen. Der alte Vater kam ihr mit ebenso rührender Herzlichkeit entgegen, wie die Mutter und die Schwägerinnen. Der Vater hatte schon am letzten Geburtstag des Sohnes seinem vollen Herzen Ausdruck gegeben: „Teuerste Frau Tochter, ich wende mich jetzt an Sie und danke Ihnen mit dem wärmsten Gefühl eines Vaters für alle Ihre Liebe und Sorgfalt, die Sie Ihrem lieben Gatten, unserem Sohn, erwiesen, und die Sie auch für uns haben. Gott segne Sie mit aller Fülle seines Segens." Zunächst ließ man sich in Heilbronn, dann in Ludwigsburg nieder. Hier gebar Charlotte am 14. September 1793 ihren ersten Sohn. „Wünsche mir Glück," ruft Schiller nach Dresden, „ein kleiner Sohn ist da!" Umgeben von Liebe und Freundschaft – auch Schwester Karoline war in der Nachbarschaft – hat die junge Mutter ihres Kindes gewartet. Wir überlassen ihr Verhältnis zu ihren Kindern einem späteren Kapitel.

Mit einem Gemisch von Freude und Sorge mag Charlotte die neuen Beziehungen verfolgt haben, in die ihr Mann hier in Schwaben trat, besonders in Stuttgart, wohin man im Frühjahr 1794 übersiedelte. Alles huldigte ihm, und diese Huldigungen galten dem berühmten Landsmann in mindestens gleichem Maße wie dem berühmten Schriftsteller. Aber auch Anträge gelangten an ihn, die Charlotte mit Unruhe erfüllten, so das weitausschauende Projekt der Allgemeinen Zeitung Cottas; trat Schiller an die Spitze eines so großen, im wesentlichen politischen Unternehmens, so war Gefahr, daß er seiner eigentlichen Bestimmung entfremdet wurde, denn das wußte Charlotte deutlicher als irgend jemand, daß Schiller Künstler in erster Linie, und nicht Historiker oder Politiker war. So mag die endliche, nach längerem Schwanken erfolgte Ablehnung Schillers wohl auch auf den Rat Charlottens erfolgt sein. Und jedenfalls waren mit der Redaktion der Horen, die ihm Cotta dann anbot, solche Bedenken nicht verknüpft.

Die Rückkehr nach Jena erfolgte im Mai 1794. Charlotte war froh, daß größere Räume sie hier empfingen: Schiller hatte von Ludwigsburg aus ein stattlicheres Haus gemietet. Dies haben sie bewohnt bis zum Ankauf des Häuschens am Leutrabach (1797) mit der „hohen Gartenzinne", wie Goethe in seinem Epilog zur Glocke sagt.

Das große Ereignis der folgenden Zeit ist der Eintritt näherer Beziehungen zwischen Schiller und Goethe. Charlotte hatte das schon lange sehnlich gewünscht. Jenes erste Zusammentreffen der beiden Männer im Beulwitzischen Hause in Rudolstadt (1788) hatten sie und Karoline veranlaßt; mehr als einmal tritt in der Korrespondenz der Wunsch hervor, Schiller möge mit dem gefeierten Mann Beziehungen suchen. Aber Schiller hatte dazu keine rechte Neigung gehabt, wohl in dem Gefühle, daß er bei Goethe wenig Entgegenkommen finden werde. Auch die Übertragung der jenaischen Professur hatte keine eigentliche Annäherung gebracht, und die nicht vermeidlichen persönlichen Begegnungen hatten sich auf amtliche und indifferente Gespräche beschränkt. Nun kam, es war im Sommer 1794, der von Lotte langersehnte Augenblick. Charlottens und ihres ganzen Kreises Zuneigung zu Goethe war sehr groß. Seit ihren frühen Mädchenjahren stand er als leuchtendes Gestirn am weimarischen Himmel. Frau von Stein, die intime Freundin des Lengefeldschen Hauses, hatte durch ihre Erzählungen von ihm seine Gestalt lebendig und groß hingestellt und ihm selbst Interesse für Lotte und Karoline eingeflößt. Als die Beziehungen zwischen ihr und Goethe erkalteten, als Christiane ihm mehr wurde, als die weimarischen Kreise verstehen konnten oder wollten, da ist doch, soweit wir aus vorhandenen brieflichen Äußerungen schließen können, die Neigung der beiden Schwestern zu Goethe nicht geringer geworden. Man bedauert ihn, man spricht wohl gar von seinen „elenden häuslichen Verhältnissen“ – ein Echo von Frau von Steins Urteilen –, aber persönlich bleibt die tiefe Verehrung für Goethe. Wunderlich genug: Schiller hat oft bei Goethe gewohnt, auch Charlotte war zuerst ernstlich mit eingeladen, aber sie hat es nie über sich vermocht, so zuwider war ihr der Gedanke, der Gast der Vulpius, des „Liebchens“ – es ist der beliebte Ausdruck in den Briefen – zu sein. Auch wenn Schiller bei Goethe wohnte, bekam er Christiane nie oder kaum zu Gesicht. Aber das alles vermochte nicht im geringsten die Gefühle der Lengefeldschen Schwestern für Goethe zu beeinflussen. Goethe selbst hatte auch Charlotte gern; er nannte sie von alters her Lolo und hatte sie wohl einst sogar im Schlitten gefahren. Und später, als sie die Frau des Freundes geworden war, blieb das Verhältnis; es hatte einen leichten Anstrich von dem eines väterlichen Gönners. Er schickte wohl einmal ein Geschenk, ein hübsches Möbelstück, das er irgendwo gesehen hatte, oder auch etwas für die Küche, einen Fisch und dergleichen.

Der großen Geistesgemeinschaft zwischen Schiller und Goethe Zeugin ist nun Charlotte gewesen. Sie nahm zunächst mit inniger Freude wahr, daß die neue Welt von Ideen, die sich ihrem Manne erschloß, auf sein ganzes geistiges Wesen den vorteilhaftesten Einfluß ausübte. Goethe hat von seinem Bekanntwerden mit Schiller gesagt, daß es ihm einen „neuen Frühling“ gegeben habe; aber ähnlich war auch die Wirkung für Schiller selbst. Nun entstehen die Xenien, die Balladen. Tagelang sind sie zusammen, am Steintisch in Schillers Garten sitzend, in Gespräche vertieft über die höchsten Probleme nicht nur der Kunst, sondern auch des Lebens. Und dann trat für Schiller jene Rückkehr zum Drama ein, die ihn auf die Höhe seiner Leistung und seines Ruhmes führen sollte. An alledem hat Charlotte den nächsten Anteil genommen, nicht blos hörend oder gar bewundernd, sondern urteilend, ratend. Was Schiller schrieb, las er ihr im Entwurf stets vor, und wir wissen, daß er auf Lottens Urteil viel gab; vielleicht sogar mitunter etwas zu schnell nachgebend, wie denn die Einfügung der Paricidaszene in den Tell lediglich Lotten zu Gefallen erfolgt ist.

Die mit den Arbeiten am Wallenstein neuerwachten Beziehungen Schillers zur dramatischen Kunst ließen in ihm den Wunsch rege werden, in Weimar zu wohnen und so dem Theater nahe zu sein; auch Goethe empfand das Bedürfnis den Freund näher zu haben. So siedelte die Familie i. J. 1799 nach Weimar über. Es wurde Lotte nicht schwer. Die Jenenser Gesellschaft hatte nach dem Weggange mehrerer alter Freunde ein anderes Gesicht bekommen; die mannigfachen Beziehungen zu Weimar hatten sie selbst auch die Entfernung manchmal lästig empfinden lassen; liebe Freundinnen wohnten ihr gerade in der Residenz, und schließlich war auch für die Kinder in mehr als einer Richtung hier besser gesorgt.

Die Weimarer Jahre sind der Höhepunkt auch

in Charlottens Leben gewesen. Hier sah sie des Mannes große Tätigkeit und durfte mit teilnehmen an den glänzenden Erfolgen, an dem steigenden Ruhm. Was an Einzelheiten aus dieser Zeit für Charlottens Leben interessant ist, läßt sich bald erzählen. Im Jahre 1801, auf der Rückkehr von Dresden, war sie mit Schiller bei der ersten Aufführung der Jungfrau von Orleans in Leipzig und erlebte eine jener Szenen mit, die mehr als alles andere die ungeheure Volkstümlichkeit des großen Dramatikers zeigen. Das Haus war bis auf den letzten Platz gefüllt. Schon nach dem ersten Akte erhob sich ein wahrer Tumult des Beifalls; dann löſten sich Rufe los: „Es lebe Friedrich Schiller!" und die ganze Menge griff den Ruf auf, Trompeten und Pauken fielen ein. Schiller trat an den Rand seiner Loge und verneigte sich. Nicht alle hatten ihn erblicken können. Kaum war das Stück beendet, da strömte das Volk hinaus und füllte den breiten Platz vor dem Schauspielhause und erwartete den Dichter. Er trat hinaus. Alles wich ehrerbietig zurück, eine Gasse bildete sich, alle Häupter entblößten sich und Schiller schritt durch die Menge. Wenn er vorbei war, dann hoben die Väter ihre Kinder empor und flüsterten ihnen zu: „Seht, das ist er."

Und dann noch ein solcher Höhepunkt! Im Jahre 1804 begleitete Charlotte mit ihren zwei kleinen Söhnen den Gemahl nach Berlin. Sie war hier Zeugin der enthusiastischen Huldigungen auf der Straße und im Schauspielhause, und ihr Herz mochte höher schlagen im Angesicht von Preußens großer Königin, die die Familie empfing und sich so viel Mühe gab, um den Dichter dauernd an die Hauptstadt zu fesseln. Wenn aus diesem Plane, der für Schiller selbst so viel Verlockendes hatte, nichts geworden ist — die Gründe sind noch immer nicht alle und die erkennbaren noch nicht ganz aufgeklärt — so mag allerdings Charlotte mit den Anlaß dazu gegeben haben. Wie einst in ihrem Vater (vgl. S. 2 ff.) das Heimatsgefühl mehr vermochte als das glänzende Anerbieten Friedrichs des Großen, so war auch Charlotte der Gedanke schmerzlich, die alte Heimat verlassen zu sollen. Aber sie hat dieses Gefühl wacker bekämpft und während des Berliner Aufenthaltes nichts davon merken lassen. Als aber den Zurückfahrenden die ersten Berge Thüringens erschienen, da brach sie plötzlich in lautes Schluchzen aus; sie konnte nach all der Aufregung sich nicht mehr bezwingen. Schiller verstand das; zu den anderen Erwägungen, die gegen Berlin sprachen, hat er diese Tränen geworfen, und er blieb. Die Einheit des Ortes in dem großen Schauspiel Goethe-Schiller blieb gewahrt.

Für Charlotte ist ganz besonders aber noch die Rücksicht auf die Gesundheit ihres Mannes entscheidend gewesen; sie fürchtete mit Recht, daß das städtische, bewegte Leben ihm nicht gut tun würde. Denn die Krankheitsanfälle hatten, wenn nicht an Stärke, so doch an Häufigkeit zugenommen. –

Werfen wir nun einen Blick in die Häuslichkeit Schillers, in der Charlotte ihre eigentliche Lebensbestimmung sah. Die Einrichtung des Hauses auf der Esplanade (des jetzigen Schillerhauses an der Schillerstraße) war äußerst einfach, viel einfacher, als es nach den jetzt darin stehenden und vielfach erst später gestifteten Möbeln und Teppichen scheinen mag. Einige gewöhnliche Stiche, drei farbige Lithographien hingen an den Wänden. Im Arbeitszimmer stand ein Spinett, an dem Lolo oft auf den Wunsch des Gatten niedersaß und einfache Lieder spielte und sang, so z. B. das Lied: j'attends mon bien-aimé, das Schiller besonders liebte. Die Fenster, wenigstens im Arbeitszimmer, waren mit roten Vorhängen versehen; Schiller behauptete, daß der rote Schein ihn beim Arbeiten anregte. Neben diesem Zimmer war ein größeres, in dem Charlotte sich meistens aufhielt, wenn des Tages Arbeit beendet war und die Kinder schliefen. Die Türen standen stets offen, und Schiller liebte es, immer, wenn er eine Szene beendet hatte, zu kommen, um sie seiner Frau vorzulesen; er änderte oft nach ihrem Urteil. Auch scheint es, daß sie bei den Vorarbeiten ihm mancherlei Hilfe geleistet hat; Charlotte las unendlich viel und wählte ihre Lektüre nach den jeweiligen Beschäftigungen und Bedürfnissen Schillers. Ganz besonders tatkräftig ist dieser

Einfluß Charlottens beim Wilhelm Tell gewesen. Sie hatte, seit sie in der Schweiz gewesen war, lebhaftestes Interesse für dieses Land und seine Bewohner behalten. Noch als Braut las sie die Geschichte der schweizerischen Eidgenossenschaft von Johannes Müller mit leidenschaftlichem Anteil und begeisterte sich glühend für die Tat des Arnold von Winkelried. Sie hatte selbst die Gletscher gesehen und die Matten und die rauschenden Bergströme, die den Hintergrund des Schauspiels bilden sollten. Wir wissen, daß die große Anschaulichkeit der Schilderung der landschaftlichen Umwelt im Tell nicht hauptsächlich auf Tschudi und Scheuchzer, sondern auf Charlotte und auf Goethe zurückgeht, der im Gespräche mit der jüngeren Freundin so oft angenehme Reiseeindrücke neu zu beleben liebte.

Auch in Stunden, da Schiller, von körperlichen Leiden heimgesucht, die dichterische Arbeit liegen lassen mußte, war sie, zumal solange die Kinderschar noch nicht zu viel Ansprüche machte, um ihn. Besonders durch Vorlesen lenkte sie ihn ab. Es war ein glückliches Zusammentreffen, daß auch Lotte von jeher dieselben Stoffgebiete für Unterhaltungslektüre bevorzugte, die Schiller immer wieder anzogen: Geschichte und Geographie. Ganz besonders Reisebeschreibungen waren ihnen lieb; und je ferner die Länder, ja abenteuerlicher die Fahrten, desto besser.

Das Hauptinteresse beider Eltern aber war

den Kindern zugewandt. Sie haben deren vier gehabt, zwei Söhne und zwei Töchter: Karl (14. September 1793), Ernst (11. Juli 1796), Karoline (11. Oktober 1799), Emilie (25. Juli 1804). Schiller hat den beglückenden Einfluß des Familienlebens in der Glocke geschildert, und diese Schilderung ist in Millionen deutscher Herzen lebendig; er hat ihre Wahrheit aus sich selbst und an sich selbst erfahren. „Sie lehret die Mädchen und wehret den Knaben," hat er der Kinderstube im eigenen Hause abgelauscht. „Ich habe schon Mühe die gewaltthätigen Knaben zu zügeln," schreibt Charlotte einmal scherzend an einen Freund. In den erzieherischen Grundsätzen waren übrigens Mann und Frau ganz einig; es waren die selbstverständlichen Ergebnisse gleicher, durchaus liberaler Weltanschauung: Kräfte, die sich regen, sich entwickeln zu lassen, nicht einzuzwängen, was kraftvoll fließen will, höchstens mit ruhiger Hand zu regeln. Vor allen Dingen nicht durch Furcht die Kinder zu regieren. „Man könnte den Menschen zum halben Gott bilden, wenn man ihm durch Erziehung alle Furcht zu benehmen wüßte."

Einzelne Briefstellen lassen uns liebliche Blicke tun in das Verhältnis zu den Kindern. Wenn Schiller einmal, um ruhiger arbeiten zu können, nach Jena oder in ein stilles Thüringer Walddorf, oder Lotte zu Besuch nach Rudolstadt gefahren war, dann gingen wieder die „Briefe und Billetts" hin und her, harmlose und reizvolle Nachrichten aus dem Kleinleben enthaltend. „Der kleine liebe Sohn schläft. Er sieht sich immer sehr um, wenn ich frage, wo ist Papa" (1794). „Guten Morgen, Lieber, ich hoffe Dir ist wohl, der kleine liebe Sohn wird nun bald noch Zähne bekommen, auch im Schlaf greift er sich im Mund. Er ist gar artig, alle Morgen weckt er mich, und legt sein Köpfchen so freundlich an. Auch alle Menschen, die er sieht, lacht er an, bis auf die Garde-Reiter vor den Zimmern (im Rudolstädter Schlosse) und freut sich über alle Hottos" (1794). „Er legt sein Köpfchen so artig an die chère mère, wenn man fragt, wo ist Großmama. Auch geht er fleißig am Laufband. Übrigens schlägt er auch oft, und hat letzt die Herzogin geschlagen, und macht mit niemand Komplimente" (1794). „Lolo grüßt chère mère aufs beste; der kleine Kaka (Karl) machte große Augen über das Brüdergen und kann sich noch nicht recht darein finden" (1796, Schiller nach Ernsts Geburt). „Das Ernstgen sehe ich immer im Geist, und jedes Kind, das ich sehe von seinem Alter, rührt mich" (1798, Lotte an Schiller von Rudolstadt aus). „Ernst ist ein lieber Junge, er hat sich heute recht ordentlich bei mir beschäftigt und mich gar nicht gestört" (1799, Schiller an Lotte). „Der Ernstli ist gestern mit mir herumgezogen und ganz ernsthaft und feierlich neben der Großherzogin hergegangen, sie hat ihn ins Römische Haus (im weimarischen Park) geführt, das hat ihn gefreut. Er spricht sehr oft vom Papa, und wenn er eine Kutsche sieht, denkt er Du kämst wieder. Der gute Karl hat eine große Sehnsucht Dich zu besuchen und ich habe ihm gestern den Wald (bei Ettersburg) gezeigt, wo Du wohnst. Da freute er sich sehr" (1799, Schiller an Lotte). „So wohl es mir hier ist, so fehlst Du mir doch und mein Karl und das kleine liebliche Kind" (Karoline) (1800, Lotte an Schiller, sie war mit Ernst in Rudolstadt). „Grüße chère mère herzlich von mir, Karl empfiehlt sich, er ist jetzt in der Schule, sonst sollte er selbst schreiben" (1800, Schiller an Lotte). „Die Kinder machen mir viel Freude. Das Karolinchen ist allerliebst und äußerst erfinderisch in Tournüren, wenn sie gern etwas haben möchte und nicht fordern darf. Sie erzählt viel von der Mama, die in Rudolstadt sei und Sachen mitbringen werde. Bei Tische stößt sie jeden Tag ihr Glas an und läßt Mama leben" (1802). „Die Familie ist wohl, die kleine Emilie schläft ruhig und schreit weniger und ist behaglich, Karoline ist wohl und plappert nach ihrer Weise" (1804, Lotte an Schiller).

Fürwahr ein glückliches Familienleben leuchtet aus solchen Äußerungen, die wir beliebig vermehren könnten.

Auch die äußeren Verhältnisse gestalteten sich seit der Übersiedlung nach Weimar recht günstig; Verleger und Theaterdirektionen sandten ansehnliche Honorarbeträge. Hier mag ein Blick auf die finanzielle Lage des Haushaltes eingeschaltet werden, dem Charlotte vorzustehen hatte. Wir wissen, daß der Anfang mit erheblichen Schwierigkeiten verbunden war. Das geringfügige Gehalt reichte bei weitem nicht aus zur Bestreitung der Kosten, so bescheiden auch die ganze Haltung des Lebens war. Daher hat die chère mère in den ersten Jahren einen regelmäßigen Betrag zugeschossen, hundertundfünfzig Taler. Den Rest mußte Schiller durch seine Feder verdienen. Unter solchen Umständen kann man leicht ermessen, wie schwer die Sorge drückte, wenn er Tage und manchmal auch ganze Wochen lang durch Krankheit von aller Tätigkeit zurückgehalten wurde, und welche erlösende Wirkung das hochherzige Anerbieten des Herzogs von Augustenburg haben mußte. Dazu kam, daß Schiller von früherer Zeit her nicht unerhebliche Schulden (die genauen Beträge sind nicht zu ermitteln) abzutragen hatte; die ersten datierten noch in die Stuttgarter Zeit zurück, und wenn er auch sich dieser bei der Übersiedlung von Mannheim nach Leipzig durch Körners Dazwischentreten hatte erledigen können, so behielt er doch noch andere Verbindlichkeiten genug. Die dänische Zuwendung – 1000 Taler auf drei Jahre – befreite ihn davon zum wesentlichen Teile. Aber erst seit der Verbindung mit Cotta (1793 94) trug seine schriftstellerische Tätigkeit solche Früchte, daß er nicht nur mit der Vergangenheit, sondern auch mit den Anforderungen der Gegenwart sich abfinden konnte. Wir können aus erhaltenen Rechnungen und Kostenanschlägen, die Schiller öfters am Schlusse des Jahres in seinen Kalender einzutragen pflegte*), und aus verstreuten Notizen manches über die Finanzverhältnisse Schillers und auch über die Kosten des Haushaltes erfahren. Sowohl Schiller selbst als Charlotte waren durchaus sparsam, auch in der Zeit, als die Einkünfte reichlich flossen, und das Rechnungswesen des Hauses war gut geordnet. Man macht sich oft ganz falsche Vorstellungen von den Kosten des Lebensunterhaltes in jener Zeit; freilich, die Preise der meisten Lebensbedürfnisse waren bescheidener als heute, aber, wenn man die seitdem eingetretene Verminderung des Geldwertes in Anschlag bringt, wird man zugestehen müssen, daß wir heute in vielen Beziehungen billiger leben. Es gab keine Steinkohlen, man brannte nur Holz, und dadurch wie durch die leichte Bauart der Häuser und die unrationelle Konstruktion der Öfen kostete die Heizung sehr viel mehr als sie heute bei gleich großen Räumen kostet. Wir besitzen eine Berechnung des Holzbedarfes aus dem Jahre 1802 von Schillers eigener Hand, begonnen im Februar und abgeschlossen am Ende des Jahres; danach hat

*) Vgl. Dr. E. Müller, Schillers Kalender. Stuttgart, Cotta 1893.

man verbraucht an Fichten-, Eichen-, Buchen- und Erlenholz für 106 Taler 18 Groschen, d. h. 319 Mk. 80 Pf., was nach dem heutigen Geldwertstande etwa dem doppelten Betrage gleichkommt. Auch die Kleidung, wenigstens die der Männer, kostete mehr als heutzutage; die Preise der Stoffe waren nicht nur absolut, sondern auch relativ teurer; es heißt im Kalender z. B. Ulmann Tuch zum Oberrock 25 Rtlr. 2 Groschen (= 77 Mk.); recht erheblich erscheinen die Posten für Strümpfe (10 Paar = 10 Rtlr. 15 Gr. = 31 Mk. 50 Pf.). Dazu kam, daß der Verkehr am Hofe seidene Eskarpins und seidene Westen nötig machte. Recht teuer waren auch die Lebensmittel, Kaffee tritt im Kalender auf das Pfund zu 12 Gr., Zucker sogar das Pfund zu 7 1/2 Gr. (= 75 Pf.). Die Bedienung war billig, der Wert der Menschenkraft ist vielleicht der einzige, der seit jenen Tagen eine erhebliche auch relative Steigerung erfahren hat; Schiller hielt einen Diener (Gustav Rudolph), ein Hausmädchen (die in allen Verrichtungen trefflich erfahrene, aus Schwaben mitgebrachte Christiane Wenzel) und eine „Jungfer"; der erstgenannte erhielt jährlich 40 Taler, die beiden Mädchen zusammen 42 Taler. Ein unsere Leserinnen interessierendes Blatt aus dem Kalender Schillers, dessen Überschrift von Charlottens Hand geschrieben ist, setze ich hierher. Es enthält nicht alle Haushaltposten, gewährt aber doch einen deutlichen Einblick in manches.

Berechnung für Wirtschaftsausgaben im Jahre 1802:

	Jährlich
Wirtschaft tags à 1 Rtlr. 11 Gr. . . .	525
Kleider für Lolo und Kinder	150
Zucker, Kaffee und Tee	75
Lohn u. Neujahr f. Christine u. Jungfer	42
Seife und Wäscherlohn	35
Bäcker	38
Lichter	35
Fazit	900

Meine Auslagen:

Holz, Steuer, Brandkasse	125
Rudolphs Lohn und Kleider und Neujahr	40
Meine Kleider	75
Interessen dem Pachter	100
Unterricht der Kinder	20
Postgeld, Papier, Abschreiben	50
Tabak, Barbier, Apotheke	40
Trinkgelder und Ehrenausgaben . . .	50
Wein und Bier	125
	625

In dieser Aufstellung fehlt natürlich noch mancherlei; es tauchen denn auch bei den einzelnen Monaten noch Posten auf wie: Für 42 Rtlr. 16 Gr. Mousselin und Battist an Ulmann bezahlt.

Schiller und Lotte liebten es, ganz wie das heute in fast jedem Haushalt geschieht, auf besonderen Blättern Überschläge für die Wirtschaft zu machen. Ein solches Blatt, das dem letzten Lebensjahre des Hausherrn angehören muß, lautet:

Ich brauche:

Wirtschaft	480
Zucker, Kaffee, Tee	60
Wein, 6 Eimer à 24 Rtlr. . .	160
Holz, 16 Klafter	110
Lichter, 125 Pfd.	30
Lohn und Neujahr	100
Mama	76
Kinderunterricht	36
Kleider in allem	175
Für mich und extra	70
Fazit	1300

Ich empfange:

Fixe Besoldung	570
Jährlich ein Stück	650
Interessen von 2000 Tlr. . .	80
	1300

(Zu den letzteren beiden Posten sei bemerkt, daß Schiller für das Stück, das er jährlich zu schreiben gedachte, das Buchhändler-Honorar ansetzte, dazu kamen noch Theaterhonorare, ferner daß die „Interessen" die Zinsen einer ländlichen Hypothek waren; er hatte also i. J. 1804 schon Ersparnisse untergebracht.) Von Interesse dürfte noch folgende Zusammenstellung des stattlichen Weinkellerinhaltes des Schillerschen Hauses vom 30. Juni 1804 sein:

	Ganze Bouteillen	halbe
Malaga	61	—
Bourgogne	35	—
Champagne	22	—
Weißer Portwein	10	—
Muskaten	4	—
Leistenwein	2	—
Ruster	17	—
Ödenburger	6	—
Frankenwein	34	—
Falerner	—	4
Rum	5	—

Dazu waren bestellt:

Am 7. Juli 1 Eimer Burgunder von Ramann 39 Rtlr.

am 17. Juli $^1/_2$ Eimer desgl.

am 29. September 1 Eimer desgl.

" " " 1 Eimer Frankenwein von Niethammer.

Man sieht, in diesen letzten Jahren waren die Verhältnisse des Hauses recht behäbige geworden. Noch waren keine erheblichen Ersparnisse gemacht, aber Schiller sah solche für die nächsten Jahre voraus. Er hat einmal gegen Körner die Hoffnung ausgesprochen, das fünfzigste Lebensjahr zu erreichen, dann würde er die Zukunft seiner Frau und seiner Kinder sicher gestellt haben. Dieser Wunsch ist ihm nicht erfüllt worden; die Zukunft der Seinen aber war trotzdem bereits gesichert. Cotta hat ihr und den Kindern in späteren Jahren allmählich über 300 000 Mark Honorare gezahlt!

So wäre die Zukunft in hellem Lichte erschienen, wenn nicht die Kränklichkeit Schillers ihre Schatten auf all das Glück geworfen hätte.

Früher als irgend jemand vermutet hatte brach das Unglück herein.

VI.

Schillers Tod.

Ende April 1805 wurde Schiller von seinem alten Leiden aufs neue heftig ergriffen. Schon der Winter vorher war voller Sorge für Charlotte gewesen. Die jüngste Tochter war sehr krank gewesen, hatte sich jedoch im März schon erholt. „Ich bin aber so an die Sorgen gewöhnt seit einigen Monaten, daß ich mich oft verwundert umsehe, ob es nun auch vorüber sei." Wir wollen hier die ergreifende Geschichte von Schillers Sterben nicht erzählen, wie sie uns von Heinrich Voß, dem treuen Pfleger, überliefert ist. Es mag aber der Brief hier stehn, den Charlotte selbst an den mit Schiller und ihr aus der Jenaer Zeit her engbefreundeten Dr. Fischenich in Bonn am 4. Juni geschrieben hat:

Weimar, den 4. Juni 1805.

Was Sie vorigen Herbst befürchteten, was mir Ihr Brief nur schonend andeutete, ist geschehen, mein lieber Sohn! – Ich habe das

Schrecklichste erlebt, habe Schiller sterben sehen. Die Erde ist mir nun nichts mehr, ich finde keinen Ruhepunkt mehr; überall würde ich schrecklich fühlen, was ich entbehre, was das Schicksal mir aufgelegt hat. Daß man Muth haben muß, zu ertragen, das ist traurig! Und doch ruft mich die Liebe zu unsern Kindern mit Macht in's Leben, in's öde Leben ohne Schiller! Ich soll leben für sie, so lange ich kann; muß meine Pflicht erfüllen, wie Er, der für uns lebte. Sie waren Zeuge unsres Lebens, unsres Glücks. Dies sagt mir mein Herz, daß meine Liebe für ihn gern das Schicksal besiegt hätte, daß ich ihm gern das freudigste Loos bereitet hätte, wenn es in meiner Macht gestanden. Diese Beruhigung habe ich, daß ich gewiß Alles that, um ihn vor unangenehmen Eindrücken im Leben zu bewahren, daß er vielleicht ohne mich nicht so lange für die Welt gewirkt hätte. – Er muß unendlich gelitten haben, viel mehr als er es sagte. – Seine letzte Krankheit war für ihn nicht so ängstlich. Er war mild, ruhig gestimmt. Ich hatte ihn oft kränker gesehen. Als Sie ihn so treu pflegten, lieber Freund, war er viel kränker. Ich mußte also auch jetzt hoffen, daß seine herrliche Natur siegen würde.

Als nach harten Krampfanfällen er endlich schlief, und ruhig, sagte ich zu meiner geliebten Schwester, ich hoffe, daß es nun besser werden würde; da ich doch allen Glauben zu seiner guten Natur habe; und Muth und Hoffnung belebten mich. – Aber was sind Hoffnungen des Lebens! In diesem Moment kam man, und rief uns in's andere Zimmer; und der Todeskrampf hatte sein Gesicht schon entstellt. Ich bemühte mich vergebens, die kalte Hand zu erwärmen; seine Blicke konnten mich nicht mehr finden. – Ich danke Gott, daß ich ungewöhnliche Hoffnung in mir hatte; wie hätte ich sonst dies aushalten können; und tröstlich war es ihm doch gewiß, von mir in dem letzten Moment noch umgeben zu sein.

Als der Krampf sein Gesicht schon entstellte, als ich seinen gesunkenen Kopf auf eine bequemere Seite richten wollte, erkannte er mich: lächelte mich verklärt an, und küßte mich. Dies war das letzte deutliche Zeichen seines Bewußtseins. – Ihnen nur, mein Freund, sage ich diese Details; Sie bewahren sie in Ihrem Herzen. Die letzten Momente dieses einzigen hohen Wesens sind zu heilig; nur Menschen, die ihn liebten wie Sie, dürfen es wissen; und Sie verstehen mich. Ihnen ist das Bild des Todes nicht fremd; Sie sahen Ihre liebsten Geschwister diesen dunklen Weg gehen.

Ueber die Ungewißheit des Lebens, die Sehnsucht nach dem was man so liebt, und die Dunkelheit, die einen so schrecklich ergreift, über die Wege des Schicksals, und doch die Nothwendigkeit, es tragen zu müssen, – über alle diese Gefühle kann ich noch nicht in's Reine kommen. – Mein Leben ist nun ein ewiger

Kampf der Neigung und Pflicht; die Neigung ruft mich in die dunkle Gruft, und die Pflicht für meine Kinder in's Leben.

Ihr Brief vom 10. vorigen Monats kam eben acht Tage, nachdem ich den traurigen Verlust erlitten hatte. Ihre Freundschaft ist mir auch da tröstlich gewesen. So lange ich lebe, werden Sie mir auch werth sein, lieber Sohn, und jetzt noch werther, weil Sie Schiller liebten, und ihn kannten, wie ihn Wenige kannten.

Charlotte ist beim Tode Schillers selbst und auch die Tage darauf ganz fassungslos gewesen. Alles was in solchen Fällen an Geschäften zu erledigen ist, haben ihr die Mutter, Karoline und Wolzogen abgenommen. Dann aber raffte sie sich auf, und in der klaren und tapferen Erkenntnis, daß sie für ihre Kinder nötig sei und nur für sie zu leben habe, ist sie erstarkt.

Von allen Seiten kamen die Bezeugungen der Teilnahme. Man muß in den zerstreuten Briefwechseln jener Tage die Schreiben nachlesen, um sich zu überzeugen, wie alles um Schiller trauerte, um den berühmten Dichter, auf den gerade die Besten gerechnet hatten als auf einen gewaltigen Bannerträger der bevorstehenden nationalen Erhebung; mehr noch aber fast um den ausgezeichneten Menschen. Zugleich aber zeigen diese Briefe, welche herzliche Zuneigung Charlotte selbst von allen entgegengebracht wurde, die sie kannten. Lassen wir einige dieser Briefe folgen. Marie Paulowna, die junge Erbgroßherzogin, zu deren Empfang im Weimar Schiller die Huldigung der Künste geschrieben hatte, schrieb: „Verehrte Frau! Ich bin gestern an Ihrer Thür vorbeigegangen, aber ich bin nicht eingetreten, ich fühlte, daß meine Gegenwart Sie erregt hätte. Aber lassen Sie mich Ihnen wenigstens meine herzliche Theilnahme aussprechen bei dem Verluste, der uns alle in Trauer versetzt, und lassen Sie mich diesen Augenblick wählen, nicht um Sie zu trösten – es wäre jetzt vergebens – aber um Ihnen von denen zu sprechen, auf die sich jetzt Ihre ganze Liebe richtet. Ihre Kinder leben, verehrte Frau, und mehr als jemals bedürfen sie jetzt Ihrer. Wollen Sie mir die Bitte gewähren, daß ich für sie sorgen darf in dem Sinne, wie Sie selbst es bestimmen wollen! Es wird mir eine hohe Freude sein, wenn Sie mir die Sorge für ein so kostbares Gut übertragen wollen und wenn ich Ihnen dadurch die herzlichen Gefühle bezeugen kann, die ich gegen Sie hege und die ich Ihrem Gemahl stets bewahren werde. Verzeihen Sie mir, daß ich dies an Sie schreibe; aber es ist mir ein dringendes Bedürfnis, zu wissen, daß Sie mich wählen, wenn Sie jemand in der Folge Ihr Vertrauen schenken wollen; und ich möchte es nicht aufschieben, Ihnen meinen Wunsch mitzutheilen. Maria." – Cotta war noch Anfang Mai in Weimar gewesen und trüber Befürchtungen voll war er vom Krankenlager des

Freundes gegangen. „So war denn meine Ahnung," schreibt er, „wirklich wahr, und es war das letzte Lebewohl, das ich unserem verewigten Freunde sagen konnte! Allmächtiger, wenn mich der Schmerz über diesen unersetzlichen Verlust beinahe niederdrückt, wie muß es erst Ihnen, theuerste Freundin, sein, da Sie in ihm alles verloren, da Sie nur in ihm und für ihn lebten. Worte des Trostes giebt es hier keine. Selbst der Blick in die Zukunft ist nicht mildernd, wenn er nicht mit dem Glauben an eine ewige Fortdauer verbunden ist. Diesen Glauben teilen Sie gewiß mit mir, und wenn er in den ersten Momenten nicht Stärke genug hat, das Markverzehrende des herben Schmerzes zu lindern, so hoffe ich, die Mutter wird die Gattin so weit zur Fassung bringen, daß die armen Kinder nicht einen doppelten Verlust zu erleben haben. Ja, beste Freundin, ich spreche zur Mutter, wenn ich hoffen darf, daß Sie sich zu fassen wissen. – Was kann nicht Mutterliebe über den Menschen. Sie werden sich daher Ihren Kindern erhalten. Lassen Sie mich nach meinen Kräften denselben Vater sein. Die Erziehung der beiden Knaben, wünschte ich, überließen Sie mir, ich würde sie mit mir nehmen, und damit Ihnen dies nicht schwer würde, wie wäre es, wenn Sie zu uns nach Schwaben zögen? Wir wollten dann im Andenken an unsern Freund und in der Erziehung seiner Kinder unsere trauernden Tage dahin bringen. Über alles Übrige seien Sie ohne Sorge – ich habe hierüber Pläne genug. – Da Sie nun dringende Ausgaben haben werden, so bitte ich für jedes Bedürfnis Wechsel auf mich zu ziehn . . . . . . Ich freue mich in dem Gedanken, daß Sie mich unter Ihre treuesten Freunde zählen. Mit der innigsten Verehrung Ihr Cotta.“ Auch die Königin Luise sandte durch Dr. Hufeland den Ausdruck ihrer Teilnahme. Dr. Hufeland war früher in Weimar gewesen und mit Schiller bekannt: „Mit tiefer Wehmut,“ schreibt er, „schreibe ich Ihnen diesen Brief. Wie viel haben wir, wie viel haben Sie verloren. Wie verwaist kommt mir der bessere Teil der Menschheit vor. Ein guter Genius ist von ihr gewichen. Wenn etwas trösten kann, so ist es gewiß der Gedanke, daß so viel Tausende mit Ihnen um ihn weinen, und daß sein Andenken in den Herzen so vieler Tausende fortlebt, und sein Geist unter uns bleibt. Die Königin, die unbeschreiblich von diesem Verluste gerührt war, hat mir ausdrücklich aufgetragen, Ihnen ihre innigste Teilnahme zu bezeugen, und wie sehr sie wünsche etwas zu Ihrer Tröstung und Aufheiterung beitragen zu können. Hatte nicht der Verewigte den Plan, einen seiner Söhne dem Kriegsdienste zu widmen? Wäre dies, so würde sich jetzt die beste Gelegenheit dazu darbieten, und ich würde Sie bitten, mir nur ein Wort darüber zu schreiben. Gott erhalte Ihre Gesundheit zum Trost Ihrer Kinder und zur Freude Ihrer Freunde.“

Fügen wir diesen Stellen noch einige andere zu. Minna Körner schreibt:

„Wir empfinden mit dir alles das unendlich Große, was uns entrissen wurde! Wir weinen um dich, um uns, daß das Höchste des Lebens für uns verloren ist! Du geliebteste, treue Freundin und Gattin des edelsten Menschen, suche dich aufrecht in deinem endlosen Schmerz für deine Kinder zu erhalten! Gott stärke dich ertragen zu lernen! Trösten können deine Freunde dich nicht, aber um deine Gesundheit können sie zum Himmel gehn. Was hast du, was die Welt, was seine Freunde verloren! Welche Schätze seines unendlichen Geistes schlafen nun den ewigen Schlaf! Laß uns zusammen weinen, laß uns einander die Hand reichen, daß nie die Freundschaft und Liebe unter uns vergehe, weil er sich uns entzog, der sie band. Daß die Welt so viel an ihm hatte, meine teure Freundin, das kannst du dir zu deinem Trost oft sagen, dazu hast du viel beigetragen. Die völlige Freiheit, das Streben seines Geistes wurde nicht von dir gehemmt und gedrückt. Keine Weiblichkeit von deiner Seite zog den Flug seiner Phantasie zur Wirklichkeit nieder. Dies preisen deine Freunde an dir, und dieser Gedanke muß dir lichte Momente geben."

Aus den Briefen der chère mère heben wir folgende Stelle heraus:

„Einen guten Teil deines Lebens die Gattin eines Schiller gewesen zu sein – sich sagen können, diesen Teil seines Lebens ihm verschönert und durch deine zarte Sorge und Liebe glücklich gemacht zu haben – und noch jetzt in seinem Andenken, in der Sorge für seine Kinder fort zu leben – o gewiß, beste Lollo, das ist noch immer ein schönes, beneidungswertes Los. Auch mein Alter erheiterst du noch durch das Bewußtsein deiner treuen Liebe, und durch dein Benehmen in deinem gerechten Schmerz. Gott segne dich dafür, mein teures Kind."

Und so kamen sie alle in langem Zuge, um der, die Schiller am nächsten gestanden hatte, den Schmerz zu bezeugen und zu lindern. Auch die werktätige Hilfe wandte sich der Familie zu. Zacharias Becker in Gotha und Iffland in Berlin faßten den Plan durch Aufführung von Schillers Dramen eine große Summe zu vereinigen und von dieser Summe ein Gut zu kaufen, das Charlotte als Witwensitz übergeben werden und für ewige Zeiten in der Familie Schiller bleiben sollte. Der Plan, dem viele der besten Männer sich begeistert anschlossen, wurde leider nicht ganz ausgeführt; die Kriegsjahre haben ihn unterbrochen. Die beträchtlichen Summen aber, die die Aufführungen ergaben, wurden der Familie ausgezahlt. Hierdurch und besonders durch die infolge der ungeheuren Verbreitung von Schillers Werken sehr hohen Honorarbeträge, die Cotta zahlen konnte, ist jede materielle Sorge von Charlotte genommen worden.

VII.

Witwenjahre.

Das Leben Charlottens, das noch einundzwanzig Jahre das Schillers überdauert hat, ist nun zunächst ganz der Erziehung der Kinder gewidmet gewesen. Die besten Lehrer, die sie erlangen konnte, gab sie ihnen zum Unterrichte, darunter auch den Professor Abeken, dessen nachherige Frau, ein Fräulein von Wurmb, uns die schönen Gespräche Schillers, die Karoline von Wolzogen berichtet, aufbewahrt hat. Alles was an Bildungsmomenten zugänglich war, hat sie den Kindern erschlossen, aber sie legte, ihrer eigenen Natur entsprechend, das größte Gewicht auf ruhiges, behagliches Ausreifen. Die beiden Söhne haben nicht des Vaters geniale Veranlagung geerbt, sind aber intelligente und in ihrem Berufskreise äußerst tüchtige Menschen geworden. Karl ist, dem Beispiele beider Großväter folgend, Forstmann geworden. Er hat, aus bisher nicht aufgeklärten Gründen, im weimarischen Staatsdienst keine Anstellung gefunden, so sehr Charlotte gehofft hatte, ihn in der Nähe zu behalten; darum ist er in den Dienst des Heimatlandes seines Vaters getreten, dessen Fürst an ihm wieder gut zu machen suchte, was einst Karl Eugen an dem Vater gesündigt hatte. An verschiedenen Orten hat er in angesehenen Forstämtern gestanden, darunter auch einmal in Lorch, wo einst sein Vater als Knabe glückliche Jahre verlebt hatte. König Wilhelm I. von Württemberg hat ihm Ehrungen erwiesen, die nicht bloß dem großen Namen galten; er erhob ihn in den erblichen Freiherrnstand. Im Jahre 1857 ist er in Stuttgart gestorben. Der zweite Sohn Ernst trat, nach Erledigung der juristischen Studien in Heidelberg, auf Anraten und Befürwortung von Schillers intimem Freund Wilhelm von Humboldt in den preußischen Justizdienst. Als Rat am Kölner Appellationsgericht hat er lange Jahre dem Staate ausgezeichnete Dienste erwiesen. Er starb in Vilich bei Bonn im Jahre 1841. Von den beiden Töchtern ist Karoline längere Zeit im Unterricht tätig gewesen, zunächst im Dienste des Herzogs von Württemberg in Karlsruhe, in Schlesien, dann in der alten Heimat Rudolstadt an der Spitze einer vortrefflichen Lehranstalt für Mädchen. Sie hat sich noch spät, beinahe vierzig Jahre alt, mit einem Bergrat Junot verheiratet und ist nach achtjähriger Ehe verwitwet. Sie starb 1850 in Würzburg. Die jüngste Tochter Emilie ist vielleicht von allen Kindern das geistig bedeutendste gewesen. Sie glich dem Vater im Angesicht, im Wesen und sogar in der Handschrift. Sechsundzwanzigjährig reichte sie dem Sohne einer intimen Freundin Charlottens, Friderike von Holleben, die sich mit einem Herrn von Gleichen verheiratet hatte, die Hand und hat mit ihm in langer glücklicher Ehe gelebt, zumeist auf dem Schlosse Greifenstein ob Bonnland in Franken. Emilie hat mit besonderer Pietät das Andenken beider Eltern gepflegt, und wie sie in ihrem Hause eine Fülle von Andenken, Briefen und Manuskripten des Vaters sammelte, so hat sie auch sehr viel dafür getan, daß der Nachwelt das Bild Charlottens lebendig blieb. Sie veranlaßte die Herausgabe des Briefwechsels zwischen den Eltern; wir haben schon oben auf dies köstliche Buch „Schiller und Lotte“ aufmerksam gemacht, das seitdem in neuer vollständiger Bearbeitung öfters aufgelegt worden ist und wie kein anderes die beiden Menschen dem Leser persönlich nahe rückt. Emilie hat sodann auch das andre schöne Buch: „Charlotte von Schiller und ihre Freunde“ (3 Bde. Stuttgart, Cotta 1860, 1862, 1865) veranlaßt, dessen wissenschaftliche Bearbeitung Professor Urlichs in Würzburg besorgte. Emilie ist 1872 gestorben; ihr im Jahre 1902 nun auch dahingegangener Sohn Ludwig von Gleichen-Rußwurm, der bekannte weimarische Maler, hat die Überlieferungen der Mutter treu bewahrt und alle Schillerforschung in Deutschland großherzig gefördert. Jetzt lebt noch sein Sohn, der Urenkel Schillers, Alexander Schiller von Gleichen-Rußwurm.

Von dieser Seite, von der Entwicklung der Kinder aus gesehen, ist das Schicksal Charlottens durchaus freundlich gewesen. Sie hat das stets dankbar anerkannt, bescheiden dabei ihre offenbaren Verdienste um ihre Erziehung in den Hintergrund rückend und oft betonend, daß den Kindern durch des Vaters Namen so viel Gutes zuteil geworden sei. Da sie selbst nicht an Weimar gebunden war und die Mittel, je länger sie lebte, desto reichlicher flossen, hat sie weite Reisen gemacht, um die Söhne zu besuchen. Sie war in Süddeutschland bei Karl, sah in Stuttgart viele von Schillers ehemaligen Freunden und Verwandten wieder, die sie auf den Händen trugen, erfreute sich empfänglichen Sinnes an den großen Naturschönheiten des schwäbischen Landes, stand sinnenden Herzens wieder vor dem Rheinfall bei Schaffhausen, den sie einst als junges Mädchen bewundert hatte, und gab ihren zahlreichen Freunden und Freundinnen in der Heimat reizvolle Berichte über alles was sie Schönes noch mit alternden Augen sehen durfte.

Standen die Söhne und Töchter naturgemäß im Vordergrunde ihres Interesses, so nahmen doch auch ihre Freunde einen breiten Teil davon ein. Das Leben hatte sie mit vielen bedeutenden Menschen zusammengebracht; und mit einer großen Zahl von ihnen blieb sie in dauerndem regem Briefwechsel innerlich verbunden, sei es durch lange Gemeinsamkeit des Lebens oder durch Verwandtschaft der Weltanschauung. Das obengenannte Buch von Urlichs enthält einen erheblichen Teil der Briefe, die sie geschrieben und die man ihr geschrieben hat. Aber daneben existieren noch in besonderen Bänden andre Briefwechsel, die Urlichs nicht zugänglich gewesen sind. Alle Freunde ihres Mannes, Körners, Cotta, die dänischen Herrschaften, die Schwestern Schillers, die Männer, die einst als junge Leute an dem Jenaischen Mittagstisch teilgenommen oder im Hause Schillers verkehrt hatten, die schwäbischen Freunde, wie von Hoven und Dannecker, Frau von Kalb, Frau von Stein, Wilhelm von Humboldt und seine Frau Karoline von Dacheröden, dazu die Mitglieder des herzoglichen Hauses, alle blieben sie mit Charlotte in brieflichen Beziehungen. Am umfangreichsten und wohl auch innerlich am bedeutendsten sind die Briefwechsel, die sie geführt hat mit Herrn von Knebel, mit Fritz von Stein, mit Fischenich und mit der Prinzessin Karoline von Sachsen-Weimar, die sich mit dem Erbgroßherzog von Mecklenburg-Schwerin verheiratete. Der uns verfügbare Raum reicht lange nicht, um eine auch nur einigermaßen vollständige Würdigung dieser in jeder Hinsicht bedeutenden Briefe zu geben. Doch mag wenigstens einiges hervorgehoben werden.

Zwei Erscheinungen sind charakteristisch für Charlotte. Das eine ist die lebendige Teilnahme an allem, was sie umgab, die mit zunehmendem Alter fast noch reger ward. Diese Teilnahme wendet sich sowohl den Menschen zu als auch den Ereignissen und Dinge, die sich im weiteren Verlauf ihres Lebens vollzogen. Das andere aber ist, daß sie trotz dieser Teilnahme in der Beurteilung von Menschen und Dingen doch nicht mitgeht, daß sie die Maßstäbe der Dinge nicht aus ihnen selbst nimmt, sondern die einmal gewonnene Weltanschauung und deren Maßstäbe auch an das Neue legt. Diese Maßstäbe sind die der eigentlich klassischen Zeit. Sie hatte das Große und Hohe in der Weltanschauung Goethes und Schillers sozusagen selbst mit erlebt, hatte, als unmittelbare Augenzeugin, unter deren Einfluß gestanden, und so mochte ihr, was da kam, insbesondere Leute wie Schlegel u. a., wohl dürftig vorkommen. So liegt über ihren Briefen, wenn sie die Gegenwart beurteilt, die Wehmut einer Rückschau in leuchtendere Zeiten gebreitet. Aber es darf nicht verkannt werden, daß die Zeiten, die Charlotte nach Schillers Tode durchmachte, auch Gründe für solche Beurteilung in sich trugen.

Die furchtbaren Wirren der Franzosenkriege, die Erlebnisse, die Charlotte persönlich mit den Franzosen in Weimar hatte und die sie uns in einem Briefe an Fischenich sehr lebendig erzählt, waren nicht dazu angetan, ihre Ansicht der Gegenwart freudig zu gestalten. Nicht nur die Franzosen, für die sie früher, wie Schiller selbst, wohl viel Sympathie gehabt hatte, wurden ihr verhaßt durch ihre Überhebung und durch das Rohe, das, trotz einiger ritterlicher Züge, ihrem kriegerischen Wesen anhaftete, sondern sie tat auch Blicke in unliebsame Seiten des deutschen Nationalcharakters, der seine Schwächen bekanntlich in der Franzosenzeit ebenso deutlich enthüllt hat als seine Stärken.

Charlotte hatte ein stark vaterländisch-deutsches Gefühl, wie bekanntlich Schiller auch. Aber jener Patriotismus war weit entfernt und stark unterschieden von dem heutigen. Wir sind gleich den übrigen europäischen Völkern, ob es nun Slawen oder Romanen oder Angelsachsen sein mögen, zum Chauvinismus geneigt. „Deutschland in der Welt voran!" Und so rufen die andern Völker von ihrem Lande. Das war nicht die Meinung in unsrer klassischen Zeit. Jedes Volk vielmehr sollte in sich die möglichst vollkommene Menschlichkeit darstellen, so dachten Lessing, Goethe, Herder und so war auch die Meinung, die Schiller in seinem bekannten Entwurf ausgedrückt hat, wenn er auch hier dem deutschen Volke eine besonders hohe Sendung, eine besonders starke Fähigkeit zur Darstellung der Menschlichkeit zugesprochen hat. Um das Menschliche zur reinen Erscheinung zu bringen, so meint Charlotte, muß die Nation sich nach den eigenen Anlagen, nach dem eigenen Wesen entwickeln können. Und darum ist ihr die Abschüttelung der Fremdherrschaft, zunächst Napoleons, dann aber auch der

Vorherrschaft des Fremden im geistigen Leben ein jauchzend bewillkommnetes Ereignis. „Was die Deutschen werden, kann man noch nicht aussprechen, doch ist das gewonnen, dünkt mich,“ schreibt sie einmal an Knebel, „daß man den Einfluß der fremden Nationen nicht mehr gelten lassen möchte und sich fühlt als selbstwollend.“

Darum ist ihr liebstes Anliegen eine allgemeine organische Hebung der Kultur. Sie ist sich bewußt, daß sie als Frau und als Einzelwesen nicht viel dazu beitragen kann, aber das Wenige, was in ihrer Kraft steht, will sie tun. In allererster Linie erscheint ihr die Erziehung als Mittel dazu, und auch um dieser Rücksicht willen hat sie ihre Kinder mit aufopfernder Sorgfalt erzogen. Um so schmerzlicher aber sind ihr die Anzeichen, daß die Kultur, trotz allen Fortschrittes, noch auf tiefer Stufe steht, und ganz besonders peinlich empfindet sie mehr als einmal, daß die regierenden Kreise so wenig tun, um die Gesittung zu heben. Einmal schreibt sie an Knebel von der eben in Weimar erfolgten Hinrichtung eines Verbrechers: „Doch habe ich den Gedanken einer Execution auch ertragen lernen, und den folgenden Tag war ich sogar froh darüber, als ich die Geschichte des bösen Menschen erfuhr. Wenn einem auch die Individuen nicht wehthun, so ist doch die Nothwendigkeit solcher Strafen, die an die Mängel der Natur, der Gesellschaft so lebendig mahnen, das traurigste Gefühl. Wenn man denkt, daß die Staaten durch Weisheit, durch Sorgfalt alle Verbrechen verhüten könnten, und es kann die größte Roheit neben der höchsten Feinheit bestehen, so ist es nicht le meilleur des mondes possibles! Wir wollen doch immer auf das Beste hinzielen und es entschwindet immer!"

Oft kehrt in den Briefen der goethische Gedanke wieder, man müsse sich selbst dahin bringen, daß man die Welt „rein" genieße, daß man eine „reine" Anschauung der Dinge gewinne, d. h. ohne die durch den Augenblick in der Seele vielleicht entstehenden oder vorhandenen Trübungen. Sie ringt um diese Fähigkeit. Manchmal überkommt sie, besonders gegenüber der Natur selbst, der Schmerz, daß sie so weit von diesem Ziele entfernt sei: „Wir sind mit unsrer beschränkten Natur gar nicht fähig, wie wir sollten, dieses Alles zu genießen. Entweder trübt der Schmerz über das Schicksal unsern Sinn oder die Leidenschaften. Ein mit Blüten überdeckter Baum und der Sternenhimmel über uns sollten ganz anders empfunden werden, als wir es können."

Aber gerade die Natur ist es, die ihr doch immer wieder Gleichmaß und Ruhe gibt. Wir haben schon in früheren Kapiteln bemerkt, wie Charlotte die Landschaft liebte, wie sie immer wieder von der Saale und dem Tale bei Rudolstadt spricht und ihnen in allen Jahreszeiten die eigenen Schönheiten ablauscht. Und so geht auch durch alle ihre Briefe in breitem Strome die Freude an der Natur. Diese Freude ist teils rein ästhetisch. Es kommt vor, daß sie sich in längere Erörterungen verliert, warum sie diese Landschaft schön, die andre es nicht findet, warum die eine ihr „etwas gibt", die andere, z. B. Berka an der Ilm, nichts. Dann aber beruht die Freude doch auch auf der Neutralisierung des erregten Stimmungslebens, das Welt und Gesellschaft erzeugen. Aber auch hier stört sie das Bild des menschlichen Elends; es ist etwas wie der Nachhall der berühmten Stelle aus der Braut von Messina in solch einer Briefstelle: „Ich bin froh, daß ich in der einsamen Natur lebe (Ruhla) und nicht in der Welt oder Gesellschaft leben muß, wo man meinen Schmerz nicht versteht. Die Natur ist recht kräftig hier. Die ernsten und anmuthigen Waldberge und die Weiden im Wald täuschen einen, als wären Überfluß und Reichthum der Vegetabilien überall. Das Geläute der Glocken durchschallt das Thal, und die Waldbäche rauschen friedlich. Nur in den menschlichen Zügen hat die Zeit die Furchen tief geprägt. Der Handel stockt, die Menschen sind nicht beschäftigt, und es gibt recht viele bleiche Gesichter und kranke und gebrechliche Kinder hier zumal."

Das gegenwärtige Leben, die Zeit mit ihren traurigen und bedenklichen Erscheinungen, wie die Franzosenkriege und die auf die Befreiungskriege, denen auch sie zugejubelt hatte, folgende Reaktion, bedrücken ihr Gemüt sehr. „Der Geist

Emilie Freifrau von Gleichen-Rußwurm, geb. von Schiller.
Nach einer Photographie.

der Unterdrückung hat mehr Spuren im Innern gelassen, als man dachte. Weil die Unterdrückung die Gemüter einengte, so haben sie nun sich an den Egoismus gehalten und dieser verflacht den Geist." „Man kämpft und kämpft gegen das Leben, man will sich's wohl machen, man rechnet auf Glück, und wo ist's zu finden? Wenn nur die innre Kraft des Lebens, die Poesie des Lebens nicht gestört würde, und wenn man nicht immer die Hand der Zerstörung fühlte, die Menschen mit bösem Willen und Absichten! Wenn man sich nur das recht klar macht, was Shakespeare sagt:

't Is but a tale, told by an idiot
Full sound and fury, signifying nothing.

So erscheint einem auch das Leben und Treiben der Gewalten, der Machthabenden; was der innere Mensch werth ist, erwägt man nicht. Ich bin recht lebensmüde zuweilen. Ich freue mich an Herders ‚Ideen' und finde, diese Art Reflexionen sind die, die am meisten den Geist aufrichten und Kräfte erwecken."

Wie in die Natur flüchtet sie sich gern in Bücher. Es ist erstaunlich, wie viele Bücher, und wie verschiedenartige, diese Frau gelesen hat. Der Briefwechsel mit Herrn von Knebel gibt davon auf fast jeder Seite Kunde. Dabei ist es aber keine oberflächliche Vielleserei; die durch ihr Eindringen nicht minder wie durch ihre Vielseitigkeit überraschenden Reflexionen, die sie an das Gelesene anknüpft, zeigen, mit welcher Aufmerksamkeit sie las. In der Wahl der Lektüre ist kein Plan, nichts was auch nur entfernt nach einer Absicht systematischer Erweiterung von Kenntnissen aussähe. Sie liest nicht, um ein Buch kennen zu lernen, sondern um ihren Gedanken neuen Stoff zuzuführen. Man kann auch nicht von einer Voreingenommenheit des Geschmacks sprechen. Heute sendet ihr ein Bekannter ein französisches, morgen bringt ein andrer ein englisches Buch; bald fällt ihr ein poetisches, bald ein wissenschaftliches Buch in die Hände.

„Gestern habe ich ein so schönes Gespräch im Plato gelesen, ‚Hippias‘. Ich hätte gern darüber gesprochen und jemand gefunden, der mir diese Ideen mehr ausgeführt. Aber ich wußte niemand, an wen ich mich wenden sollte, und ich kam mir vor wie der Jüngling in Sais, der die Wahrheit sucht. Ich liebe das Gedicht von Schiller so.“

„Eine Lectüre habe ich, die mich unterrichtet und erfreut, den ‚Nationalreichthum‘ von Adam Smith. Es ist ein so schöner, philosophischer Geist in den gewöhnlichen Ansichten des Lebens, und die Culturverhältnisse, Handelsverhältnisse so schön auseinandergesetzt. Es ist eine ernste Lectüre, und dies liebe ich jetzt.“

„Ich lese nicht zu viel, aber recht schöne Sachen. So studiere ich Fénelon. Wie ist sein Aufsatz „Sur l'éducation des filles“ schön! wie spricht sich sein Geist aus! Ich kann nicht allen seinen Ansichten dabei Beifall geben, aber groß und edel hat er alles gedacht, was Bezug auf die Bildung hat."

„Ich habe diese Tage mich an der Größe der Composition der ‚Äneide' ergötzt. Ich habe meiner Schwester, die einen heftigen Katarrh hat, mehrere Gesänge vom Abbé Delille vorgelesen, und die Übersetzung ist so einfach groß, daß man sich recht daran freuen kann. Wie ist es ausgedacht! wie Aeneas zuerst zu Dido kommt, wie er die Geschichten von Troja vorgestellt sieht! Wie ist die Erscheinung des Aeneas anmuthig! wie die der Dido! und zuletzt wie Amor die Gestalt des kleinen Ascan annimmt! Wie die Beschreibungen vortrefflich, wie er die Höhlen des Polyphem sieht, den Aetna, wie er die Andromache findet! Auf den sechsten Gesang freue ich mich; den liebte Schiller so sehr und hat mir ihn mehrere mal aus dem Lateinischen aus dem Stegreif übersetzt. Wie schön hat aber Virgil den Homer benutzt, wie haben diese Bilder sich in seiner Seele anders gestaltet, und doch kann das hohe Einfache seiner Dichtungen nur wieder hoch und erhaben wirken. In einer so absprechenden Zeit, wie die jetzige ist, würde man gegen solche Vervielfältigung des Großen scharf losziehen. Das Große kann nur das Große wieder erzeugen – wo es recht aufgefaßt wird."

Oder es kommt ihr einmal eine Reisebeschreibung aus Brasilien in die Hände:

„Sie sollten ordentlich das Buch lesen. Wenn man die Hütte sieht, die Hängematten, den Topf mit Mais und Bohnen, kochend am Feuer, und dies als einzige Nahrung statt Brot sich denkt, dabei junge Affen, deren Fleisch eine seltne, ausgesuchte Speise ist, die kupferfarbnen Menschen mit verwirrten Haaren und beinah nicht mehr wie die Affen verständig – so wird es einem doch wohl, wenn auch die Cultur, geistig mehr als körperlich, ausartet bei uns. Die armen Frauen! Sie haben ein erschreckliches Los! sie müssen die Jagdbeute nachschleppen, ihren Männern beladen durch die unwegsamen Wälder folgen und vielleicht nach aller Mühe noch unfreundlich behandelt werden. Es gehört doch eine Art von Wahnsinn dazu, diesen ganz rohen Naturzustand zu preisen, wie doch viele französische Philosophen gethan haben. Ihre eigne Verfeinerung hat die Sehnsucht nach der Natur auf eine krankhafte Art erhöht. Man muß durch viele traurige Erfahrungen des Lebens dahin gebracht sein, so ein Leben für etwas zu halten."

Aber am liebsten flüchtet sie sich doch immer wieder zu den Großen, die sie miterlebt hatte und miterlebte, in ihres Mannes und in Goethes Schriften. Goethes weiterer Entwicklung folgt sie mit feinem Verständnis. Sie hat einen besonderen, bei Urlichs abgedruckten Aufsatz über die Gestalt der Eugenia geschrieben, der recht sinnreiche Bemerkungen enthält.

„Vorige Woche hat Goethe uns einen schönen Abend gemacht. Er hat bei der Herzogin uns einen Abschnitt aus seinem neuen Theil der ‚Dichtung und Wahrheit‘ gelesen, was er über Klinger, Lavater und Basedow sagt. Er hat mit soviel Geist Lavater gezeichnet und mit soviel Wahrheit, daß man ihn sieht, und mit soviel Milde die verschiedenen Ansichten ausgesprochen, daß es eine Meisterhand nur so kann. Ich freue mich sehr auf den ganzen Band; wenn er nur schon zu haben wäre!“

„Ich habe nun auch Goethes Reise gelesen; es hat mich unbeschreiblich angezogen und der Dichter steht in aller Kraft der Jugend mit den reifen, reichen Ansichten vor uns. Er umfaßt eben so leicht das Hohe und Tiefe als die leisen, schnell vorübergehenden Lufterscheinungen und Gestalten. Wie die Töne einer schönen Musik den ganzen Zustand des Gemüths bezeichnen, so bildet sich zu den schönen Formen der Berge, des tiefen Grüns, der hohen, schönen Gebäude, der edlen Verhältnisse der Architektur, der schönen, menschlichen Bildungen auch die Phantasie gern die ganzen Umgebungen aus, und die lichten, goldnen Wolken, die an dem klaren, blauen Gewölbe des Himmels das Gemälde vollenden, möchte man ebensowenig vermissen und man freut sich, daß der Dichter Erde und Himmel verbindet und so immer ein ganzes Bild giebt. Ich glaube manchen Menschen wird es gehen mit diesem Buche, wie der Frau von Staël mit Goethe selbst, die sich den auteur de ‚Werther‘ nicht denken konnte in einer Hofuniform. Man erwartet gewiß mehr Beschreibungen, dichterische Bilder u. s. w., und eben wie er in den einfachsten Anschauungen doch alles Hohe in seinem Leser erweckt und dadurch, daß er seine Anschauungen, nicht seine Gefühle ausspricht, ist es so schön und erfreulich. Es hat mich unbeschreiblich angezogen und ergötzt im wahren Sinne des Wortes.“

Sie lebt förmlich in einzelnen Dichtungen des Olympiers:

„Goethe war heiter und mittheilend und zeigte uns Kupferstiche aus ‚Faust‘, die ein Maler Cornelius aus Rom gesendet. Die Szene, wo Valentin erstochen auf der Straße gefunden wird und Faust mit Mephistopheles entflieht, Gretchen mit einem tiefen Schmerz zurücksinkt in der Frau Marthe Arm, einzelne Gruppen auf der Straße entstehen und neugierig ohne Theilnahme stehen bleiben, dies Alles ist mit der alterthümlichen nationellen Umgebung ausgedrückt. Mir ist der Ausruf dabei im Innern erschallt, wie Valentin sich nicht Bruder nennen will und ausruft: ‚Deiner Mutter Sohn!‘ Schöneres und Angemessenere dieser Situation, die das ganze Schicksal der unglücklichen Schwester ausdrückt, konnte nicht gesagt werden. Ich bin so mit Faust verwebt, daß ich alle Stellen erkenne und auch auf jede Lebenssituation andre passende Sprüche daraus anwende, daß mir die leiseste Anregung gleich das Ganze nahebringt. Ich glaube, so lebten die Griechen in der ‚Ilias‘, und so genießt man auch die Poesie, wenn sie sich ins Leben verflicht.“

„Man lebt recht lustig hier. Es ist eine herumwandernde Schauspielergesellschaft hier, und heut wird ‚Hamlet‘ gegeben; ich habe Neigung, hineinzugehen; denn Shakespeare kann verhunzt werden, doch nicht erstickt.“

Um so widriger empfindet sie gewisse Impotenzen und leidige Eigenschaften der Neueren:

„Diese Woche habe ich ‚Emilie Galotti‘ aufführen sehen und habe mich an dem reinen, klaren Verstand des Dichters erfreut und gehalten. Es ist ein Werk, das eigentlich immer als Kunstwerk anziehen muß, und wirkt immer für alle Zeiten. Die Verhältnisse sind rein und bestimmt ausgesprochen ohne viele Worte; man möchte sagen, man wundert sich, daß man mit so wenig Aufwand so viel erreicht. Wenn Herr Müllner zum Beispiel unendlicher Worte bedarf, um in der ‚Schuld‘ uns klar zu machen, was geschehen ist, so steht in ‚Emilie‘ Alles vor Augen und wirkt durch die Handlung, die doch unendlich einfach ist. —“

„Ich habe in meinem kranken Zustand den zweiten Theil von Fr. Schlegels ‚Vorlesungen über die Literatur‘ gelesen. Der erste Theil, der so viel über uns unbekannte Gegenstände enthält, ist mir lieber, zumal über die indische

Literatur und Poesie. Je näher er unserm Zeitalter kommt, je weniger ist er ein Richter, dessen man sich freuen kann im Fache des Geschmacks, weil er fatale und nicht freie und unbefangene Ansichten hat und kritisieren will und klügeln. Dieses Geschlecht ist mir recht verhaßt: es ist kein Froschgeschlecht – denn dies ist zu unschuldig –, es ist ein Skorpionsgeschlecht, welches mit seinen Zangen das Schöne und Große erdrücken möchte, weil der einseitige Geist nicht es zu fassen die Fähigkeit hat. Mir ist es viel lieber, daß eine Natur nicht rechtes über Schiller sagt, den er falsch und schief verstanden hat, weil sein Auge trüb und giftig ist. Aber die Ansicht der neuern Zeit hat mich unsicher über die der ältern gemacht, die mich ansprach. Es scheint doch, er sieht alles schief an. Verstand, Scharfsinn ohne Genie, ohne Glauben an Gutes und Schönes bringt solche Nachtgeburten hervor; sie verschwinden aber auch spurlos und klanglos."

Über all diesen literarischen Interessen, die allerdings vorzugsweise in dem Briefwechsel mit Herrn von Knebel zum Ausdruck kommen, wurde natürlich das Persönliche nicht versäumt. Daß Charlotte in äußerst warmer Teilnahme den Leuten gegenüberstand, zeigt jede Seite. Knebel hatte einst, der schon Vierzigjährige, das blutjunge Mädchen gern gehabt; er hatte zurücktreten müssen vor Schiller. Es waren Momente gewesen, wo Schiller und Lotte sich über den etwas gespreizten Junggesellen amüsiert hatten, der sich, seitdem er sein Erziehergeschäft am Hofe mit Würde erfüllt hatte, nun mit einer ansehnlichen Pension und ohne Beruf in den thüringisch-fränkischen Landen unstet umhertrieb. Nachdem er aber selbst seßhaft geworden und sich verheiratet hatte, war er ein andrer geworden, und zwischen ihm und Charlotte waltete aufrichtige, freundschaftliche Sympathie.

Fritz von Stein war sozusagen mit Charlotte aufgewachsen. „Brüderchen" und „Schwesterchen" nannten sie sich als Kinder, und brüderlich und schwesterlich ist auch nachher das Verhältnis geblieben. Der Briefwechsel ist eigenartig, eine Fundgrube zur Kenntnis und Beurteilung der damaligen weimarischen Persönlichkeiten und Verhältnisse. Fritz von Stein ist keine starke Individualität gewesen. Er malte gern und mäßig. Sein Verständnis für poetische Dinge war nicht erheblich. Als seine Mutter ihm die Braut von Messina gesandt hatte, schrieb er an Lotte: „Die Chöre wollen mir zwar nicht in den Sinn, doch sagen sie oft kluge Dinge, man freut sich daher nach jeder Begebenheit ihr Urteil zu hören." Er war ein guter Kerl, geneigt dann und wann eine Dummheit zu begehen, wofür er dann manchmal allerdings auch sehr ernste Vorhaltungen von Charlotte zu hören bekam. Einen besonderen Reiz erhalten die Briefe Lottens an Fritz von Stein, weil er der einzige Mensch war, mit dem Charlotte von der Kindheit an befreundet gewesen war; dadurch bekommen ihre Briefe aus den letzten

Lebensjahren, aus dem beginnenden Alter einen eigenen Ton unmittelbar und rein empfundener Wehmut über das Leben. „Als ich an den Kochberger Bergen vorbeifuhr, überfiel mich der Gedanke schmerzlich, mit welchen Hoffnungen und Aussichten für das Leben wir in unsrer Jugend unsre Seelen wiegten, wie eigentlich unsre Existenz auf gewisse Art abgeschlossen ist. Ich sehe mich mit dem, was mir die Existenz erhöhte, fertig für die Welt und knüpfte meine Freude und Sehnsucht in einer andern Welt an." Interessant sind diese Briefe auch, weil sie uns unmittelbare Nachrichten über Leben und Wesen von Fritzens Mutter, Frau von Stein, geben und besonders auch Schlüsse auf ihr Verhältnis zum alternden Goethe gestatten.

An Nachrichten über Goethe sind auch die Briefe an die Prinzessin Karoline reich. Das Verhältnis Lottens zu dieser ist von ganz besonderer Innigkeit, und der frühzeitige Tod der ausgezeichneten Frau ist für ihre Freunde ein sehr schmerzlicher Schlag gewesen. Humorvoll, heiter, voll drolliger Einfälle gab sie sich in den Briefen an ihre „Loloa" ganz wie sie war; und diese, bei aller Beachtung der Formen, die die Stellung der Adressatin natürlich machte, gibt sich ihr gegenüber offener in mancher Hinsicht, als es den männlichen Freunden gegenüber möglich war. „Goethe war hier, das wissen Sie," schreibt die Prinzeß am 11. September 1806, „aber das wissen Sie wohl nicht,

Schlüsseldame, daß er zweiunddreißig Zeichnungen auf seiner Reise gemacht hat, die hübschesten und geistreichsten, und mir sie geschenkt hat. Liebe Loloa, können Sie sich mein Glück recht lebhaft denken? und meinen Stolz, wenn ich Übermuth in der Seele hätte." Die Verehrung für Goethe, „unseren Meister" wie sie meistens sagten, war eins der Bande, die die Frauen aneinanderknüpfte. „Die Loloa sitzt eben schon wieder mit der Feder in der Hand; aber obgleich der Brief nicht so schnell fort soll, so wird er doch geschrieben, weil des Meisters zärtlicher Gruß auf dem Papier stehen soll, und heute noch. Diesen Morgen kam er zu mir und war gar freundlich und mild und mitteilend" (30. Juli 1811). Diese Verehrung Goethes ist so tief gewurzelt, daß sie sogar keine Einbuße erleidet durch das sehr eigenartige Benehmen der Christiane. Als Arnim mit seiner Frau Bettina in Weimar war, verbot Christiane der letzteren „de but en blanc" wie Lotte erzählt, das Haus; und doch war Bettina nur Goethes wegen gekommen. Und auch Goethe selbst nahm infolgedessen keine Notiz von ihr. Diese Sache wirbelte unendlich viel Staub auf. Hören wir, was Lotte ihrer Prinzessin weiter berichtet: „Von unserem Meister kann ich einmal nicht viel sagen, denn ich sehe ihn nicht. Ich war anfangs betreten und fürchtete, man hätte mich auch mit in das Ungewitter gezogen ohne Schuld; aber ich denke doch im Ernst nicht und halte es nur für Ungeschicklichkeiten von seiner Seite und für andere Ursachen, die ihn unter anderem bewogen haben, mir einen Platz in meiner ehemaligen Loge anzubieten. Diesen habe ich nicht angenommen und ihm die Gründe geschrieben, denn ich kann mich an diesem Platz im Leben nicht mehr erfreuen, warum sollte ich das Schauspiel da aufsuchen? Ich gehe jetzt auf den Balkon. Die Menschen, die sich alles gleich deuten, werden wohl auch sagen, die dicke Hälfte habe mich aus der Loge des Mannes vertrieben. Aber er hat mir geschrieben, daß er sich einige Zeit als Einsiedler halten müßte u. s. w. Ich schreibe Ihnen einmal das Billet ab. Ich habe ihm freundlich geantwortet und ihm gesagt, warum ich in meine ehemalige Loge nicht gehen könne, ich hätte aber ihn fragen wollen, ob er, da sein Sohn hier ist, nicht lieber en famille wäre. Ich saß freilich sehr gern bei ihm, denn wir haben manches schöne Gespräch geführt. Anfangs, da eben Arnims noch hier waren und ich alle Tage bald Bettina klagen, bald meine Schwester schimpfen hörte, wurde ich auch betreten und dachte mir alles viel ernstlicher. Ich sage meiner geliebten Prinzeß alles, wie es in mir vorgeht, aber ich warte ordentlich sehnlich auf eine Ebbe, denn die Flut des Klatschens ist ungeheuer, die ganze Stadt ist in Aufruhr und alles erdichtet oder hört Geschichten über den Streit mit Arnims. Da die Bettina mit der dicken Hälfte doch viel war im Anfang, so mag eine unendliche Tiefe des Klatsches entstanden sein. Wer da alles hineinverflochten ist, weiß der Himmel. Ich kann nichts thun als schweigen und dem Meister dadurch zeigen, daß ich in kein unwürdiges Licht gegen ihn mich stellen mag, aber auch mir nichts vergeben kann. Zuweilen denke ich, die Frau will ihn ganz isolieren, um ihr Wesen mit ihren Kindern (das sind die Schauspieler) nach Lust zu treiben, und sie fürchtet einen jeden Umgang, wo sie nicht in Anschlag kommen kann. Auch habe ich sie zuweilen gestört, wenn er nicht in der Loge war und sie hatte Besuch dorthin bestellt. So suchte sie Levandowski sehr oft auf (deswegen könnte sie auch etwas über mich ausgesprochen haben, was nicht wahr wäre). Die Wahrheit wird am Ende siegen. – Zu Frau von Stein kommt der Meister auch zuweilen früh, ich traf ihn nur noch nicht. Ich werde immer dem Epigramm treu bleiben, das ich Ihnen schrieb, (in einem früheren Briefe:

Das ist die rechte Liebe, die immer und immer sich gleich bleibt,
Wenn man ihr alles versagt, wenn man ihr alles gewährt).

Aber ich bin doch zuweilen, wie im Werther steht, als hätte man mir meinen Degen abgenommen, wenn ich nicht recht weiß, was der Meister von mir denkt" (1811).

Wir können diese reizvolle Briefsammlung nicht ausschöpfen. Es ist rührend, wie sie der

Prinzessin von sich und den Kindern erzählt; meist betont sie die heiteren Vorkommnisse, denn die Prinzeß hatte Heimweh und fühlte sich überhaupt nicht glücklich; sie bedurfte der Aufheiterung: „Von meinem Karl wollen Sie auch hören, teure, geliebte Prinzeß! Er ist wieder in Heidelberg angekommen und dankt mir herzlich für die Freude, die ihm die schöne Reise gemacht. Er ist auf allen hohen Alpen gewesen und über Mailand nach Turin gegangen, hat die borromäischen Inseln gesehen, alle Orte, die im Tell vorkommen, ist durch die hohle Gasse gegangen, hat Tells Kapelle besucht und hat auch mehrere Menschen kennen gelernt, die ihn freundlich aufnahmen – Fellenberg in Hofwyl, Georg Müller und Pestalozzi, der ihn geküßt hat. Auf der höchsten Wohnung in Europa, dem Hospitium des Bernhardberges, ist der arme Karl, da er vier Stunden im Schnee gegangen, in die Messe gekommen, und wie er da recht zusieht, überfällt ihn eine Ohnmacht. Als er aufwacht, half ihm der Mönch, der sein Meßgewand erst abgeworfen hatte, aufstehen. Es ist so etwas Romantisches in der Situation, und er mag gar nicht gewußt haben, wo das Mönchsgesicht herkam, denn in einem solchen Zustand umschweben einen immer nur die bekanntesten Bilder.“ Stolz meldet die Witwe Schillers im November 1813: „Ich hatte heimliche Angst wieder herzukommen; Sie wissen, daß ich mein Haus als Schillers heiliges Andenken liebe. Ich habe es doch vor

Gewaltthätigkeiten bewahrt und unter Schillers Bild wie an einen Altar mich geflüchtet. Alle Nationen sind zu mir gekommen, um das Haus zu sehen; aus dem inneren Rußland kamen Officiere und wollten Bücher haben, die er geliebt und gebraucht hätte. Ich konnte sie nicht sprechen weil sie nur Latein sprachen, aber es hat mich innig gerührt. Preußen, Livländer, Oesterreicher kamen zu mir und weinten mit mir; und die Erzählung von Schillers letzten Tagen beweinten sie mit mir." Auch ihr Patriotismus bricht in diesen Briefen oft urwüchsig hervor: „Ganz Deutschland schießt (April 1814!) und ich glaube jedes denkt, es hätte mögen das Gewehr nach Napoleons Brust zielen. Ich möchte, wie die Armgart im Tell, herumziehen."

Man muß diese Briefwechsel in ganzer Ausdehnung lesen, um ein Bild von dem durchaus originellen Innenleben Charlottens und ihrer Umgebung zu gewinnen. Es waren Menschen, die ihr Wesen aneinander und durcheinander ausgestaltet hatten und denen es eine Freude war sich und der Welt mit Bewußtsein anzugehören.

Nicht minder deutlich als in den Briefen, oft sogar noch intimer beleuchtet, stellt sich uns das Bild Charlottens auf den leider nur wenigen Blättern dar, die sie für sich selbst schrieb. Man kann sie nicht eine Schriftstellerin nennen, dazu ist das, was bei Urlichs (Bd. I S. 1 ff.) steht, zu anspruchslos, zu bescheiden; es ist meist nur zur eigenen Erinnerung, höchstens einmal für die nächsten Angehörigen und Freunde bestimmt. Auch darin unterschieden sich die Schwestern; Karoline hat einen umfangreichen Roman geschrieben, der ein gewisses Aufsehen in der literarischen Welt machte, „Agnes von Lilien", und später veröffentlichte sie ihr Leben Schillers, dem wirkliche schriftstellerische Vorzüge anhaften. So in die Welt hinauszutreten, lag Charlotte fern. Aber was sie in stillen Stunden der Sammlung ihrem Tagebuch anvertraut, trägt das Gepräge des Persönlichen, einer Innerlichkeit, die bei aller Bescheidenheit der Form uns wohltut und erhebt.

Auch einige Gedichte enthalten diese Tageshefte. Noch bevor sie Schiller kennen lernte, drängte es sie, innere Erlebnisse in Rhythmen auszusprechen. Stille Sehnsucht und Erinnerung weben in den anspruchslosen Versen der noch nicht Zwanzigjährigen. Sie hatte wohl eine erste Jugendneigung am Genfersee erlebt, und in der Stille des Rudolstädter Tales pflegt sie mit der Erinnerung an die große Natur des blauen Sees auch die an jenen Jüngling:

Jener Stunde dacht' ich weinend immer,
Da ich einst dich fand;
Dachte dein beim sanften Abendschimmer,
Oft an meines blauen Flusses Strand.

Endlich heilte meiner Liebe Wunden
Die wohltät'ge Zeit;
Und mein Herz hat wieder Ruh gefunden,
Aber, glaube, nicht Vergessenheit.

Die unbestimmte Sehnsucht des Mädchenherzens nach einem Glück, das es nur ahnt, spricht aus manchem anderen Vers; sie fragt nach dem, was dem freudigen Lebensgefühl zugrunde liegt,

„Sprich, o Seele, ach, was soll das Heben
Dieses Herzens? all das Streben?"

um schließlich der angeborenen Resignation nachgebend in laute Klagen über das rasche, schmetterlinghafte Vergehen der Freuden und lieber Beziehungen zu klagen. So wurde ihr Ossian besonders lieb: große Naturbilder, Vergänglichkeit des Menschen, trauernde Klage um verlorenes Glück, über sonnenhemmende Nebel, das ist so das Element, dem sie am meisten zuneigt in den Jahren, da ihr Herz erfüllte Liebe noch nicht besaß. Und diese selbe Stimmung kehrt wieder, als sie nach Schillers Tode mehr dem Rückblick als dem Vorblick lebt. Schon die Krankheit des Geliebten hatte in ihr manchmal eine Art Witwenstimmung erweckt; wir besitzen ein rührendes Gedicht „Klage", das sie am 24. Februar 1805 niederschrieb, kurz nach der letzten mit Schiller noch verlebten Wiederkehr ihres Hochzeitstages.

„In Nacht gehüllt sind mir die Sonnenhügel,
Auf denen lächelnd sonst die Hoffnung steht!
— — — — — — — — — — — — — —
Zu frohem Sinn nur redet die Natur;
Umsonst zeigt sie die wechselnden Gestalten,
Der Blumen bunten, schöngeschmückten Chor,
Sie mag sich reizend unserm Blick entfalten,
Der süßen Stimme lauscht nicht mehr das Ohr!

Später, in den mußevollen Tagen des kommenden Alters, als die herangewachsenen Kinder sie wieder mit den Angelegenheiten der Gegenwart und, wie wir sahen, auch des Vaterlandes verbanden, hat sie auch andere Töne gelegentlich angeschlagen. Wir besitzen ein „Marschlied" für die Truppen (1815), sogar ein „Trinklied für Deutsche" aus demselben Jahre. Gern wandte sie die Versmaße Schillerscher Gedichte an, wie denn jenes Trinklied in dem Tonfall der „Worte des Glaubens" gehalten ist. Humoristische Züge sind äußerst selten, und es sieht fast aus, als ob die lustige Laune, die aus manchen Stellen der Briefe an Fritz von Stein und Prinzeß Karoline klingt und die wir manchmal in den Billets der Volkstädter Zeit wahrgenommen haben, nicht ihrem wahren Wesen entsprochen hätte. Den einzigen humoristischen Versuch, den wir aus ihrer Feder besitzen, ist ein „Schwank": „Der verunglückte fünfte März", eine Satire auf den bekannten Versuch Kotzebues, durch eine ostentative Huldigung für Schiller Goethe zu ärgern.

Die Neigung zur Rückschau, die zugleich eine Einschau in sich selbst ist, zeigt sich so recht in den tagebuchartigen Aufzeichnungen. Sie galten teils der eigenen Vergangenheit und Entwicklung, teils der sie umgebenden Menschenwelt. Wir haben von ihren „Erinnerungen aus den Kinderjahren" (Urlichs I, S. 31 ff.) schon zu Anfang dieses Buches Gebrauch gemacht. Auf der Reise nach der Schweiz hat sie ein ausführliches Tagebuch geführt, das aber, wie es scheint, zugleich für die anderen Mitreisenden bestimmt war; es sind kurze Notizen über das Gesehene, untermischt mit Würdigungen merkwürdiger Personen; doch scheint es, daß darin mehr der Inhalt des Gehörten, der gemeinsamen Gespräche wiedergegeben wird als eigene Meinung.

Das eigentliche Tagebuch, das im November 1787 beginnt, ist ganz und gar der Abdruck ihres Gedanken- und Gefühlslebens. „Ich schreibe zuweilen die Empfindungen meiner Seele nieder seit einigen Jahren", berichtet sie selbst 1789 an Schiller. „Es sind Äußerungen meiner Seele, die durch innere mehr als äußere Erlebnisse in Schwingungen versetzt wird." Wir wissen nicht den einzelnen Anlaß jeder Aufzeichnung, aber es ist meist nicht schwer herauszufühlen, welche allgemeinen Eindrücke ihnen vorhergegangen sind. Wir wollen hier eine Reihe von Stellen wiedergeben, die für den Ton und die allgemeine Stimmungslage charakteristisch erscheinen. Die ersten Aufzeichnungen (1787) geben offenbar die Gefühle nach der schweren Enttäuschung mit dem Engländer Heron wieder. Bezeichnend ist hier die beständige Zuflucht, die sie zur Natur nimmt. Dann folgt eine längere von Charlotte selbst bezeichnete Pause (Juni 1789). Aus der Zeit der Ehe selbst sind nur ganz wenige Aufzeichnungen vorhanden. Erst im Witwenstande nimmt sie das Tagebuch wieder öfter zur Hand; wehmütige Rückschau kennzeichnet die Mehrzahl der Einträge.

„Den 8. November 87. Schöne Sonne! wie wohltätig ist dein Einfluß auf die Erde; du erwärmst, erfreust alles; so auch mein Herz. Es ist mir begreiflich, wie nur die bloßen Naturmenschen dich als Gottheit verehren konnten, denn dein Licht belebt alles. O vielleicht strömen auch unsere Wesen einst ganz in dich, und die Milde, die du auf uns herab schüttest, deine schönen Strahlen kommen wohl durch den Einfluß reiner, abgeschiedener Seelen zu uns und beleben uns so mit Freude.

Mit inniger Empfindung rufe auch ich dir zu:

Hail, holy light.

Den 21. November, abends. Schön ist der sinkende Abend, wenn die letzten Strahlen der Sonne noch hinter den schwarzen Bergen flammen und die Sterne sanft schimmern, aber immer glänzender werden. Es ist ein Bild der Natur, wie alles stufenweise immer höher, höher steigt. So auch in unserer Welt; was vor langen Zeiten nur wie eine kleine Flamme loderte, bricht jetzt zu einem hellen Licht aus, das Wärme und Freude verbreitet. So mit den Wissenschaften und Künsten; der Mensch bildet sich immer mehr und mehr. Und so nimmt alles zu, einen Grad von Vollkommenheit zu erlangen. Wir genießen einst im vollen Maße, was wir hier einzeln ausstreuten. Darum sei ruhig, Herz, bei den Leiden, die dich drücken. Laß die schauerlich schöne Abendstunde dir ein Bild besserer, reiner Freuden sein, die dein warten.

Den 28., gegen vier Uhr. Wandelnde Wolken, ihr ein näheres Bild der Erdenfreuden! wie schön ihr seid! Das düstere Grau, mit den Strahlen der Sonne gesäumt, ist ähnlich mancher trüben, bangen Stunde; der Glanz, der durchbricht, ist die wohltätige Hoffnung. Und das sanfte, reine Blau ist vielleicht Vorschmack besserer, reinerer Freuden. Natur, in dir findet Ruhe das Herz; und doch gibt es so viele Menschen, denen du nichts bist. Sie genießen weniger schöne Momente als fühlende Seelen, und ihr Herz wird sich nicht so leicht befriedigen lassen, weil sie immer in Dingen Freude suchen, die keine geben können. Aber in deinem Anschauen haben wir alles!

Den 15. April. Der Wind heult, kalte Regentropfen schlagen ans Fenster; o Boreas, schone die zarten Blumen! Auch mein Herz zieht sich zurück, fühlet Sehnen und Leere. Auch so haucht der kalte Hauch der Gleichgültigkeit die

Blüten der Freundschaft an, die schön aufkeimten; ach Entfernung, der Hang zu Ruhm, zu Ehre ließ wohl manche Aufwallung dafür stumm werden, und das treue Herz ward vergessen. Steig aus dem Schutt der Vergangenheit wieder hervor, Bild entflohener Freude; sei von mir nicht vergessen, mir ewig lieb und grüne um meinen Scheitel in unverwelklicher Blüte.

Heute fiel mir die Analogie aller Dinge auf, wie alles in der Welt aus einerlei besteht und zusammengesetzt ist. Aber der Mensch kommt mir zugleich als das vollkommenste Wesen vor, der alles in sich vereint; aus allen Teilen ward er gebildet, und nur in ihm verfeinern sich im höchsten Grad die Materien, in der organisierten Schöpfung heißt das. Von der Geisterwelt wissen wir nichts und es ist ein wohltätiger Schleier (sagt Herder), der die künftige Welt überdeckt.

Den 1. Juni. Spülst du denn, o Zeit, mit deiner Welle über jede Freude des Lebens? Löschest aus die lieblichsten Bilder? O ihr vergangenen Freuden, bleibt denn nichts von euch als der Schmerz, daß ihr nicht mehr zurückkehrt? Dies dachte ich eben, als ich einige Briefe durchging.

O warum ist doch unser Geist in so enge Schranken gebannt, warum können wir nicht die Winde durchschneiden, die Meere in einem Augenblick überfliegen, daß das Herz die Nähe einer freundschaftlichen Seele deutlich fühlen könnte. So wollen wir immer in einer ängstigenden Ungewißheit. Wenn wir vergessen könnten!

't is sure the hardest science to forget!

Nein, nicht vergessen sollen wir, sondern stark die notwendigen Übel der Trennung tragen! Denn sie ist hoffentlich nicht ewig!

Den 18. Juni. Wie die Sonne so schön auf die Wipfel meiner Pappeln scheint; die Luft ist rein und klar, und die Erde duftet süß nach Stürmen. Vor wenig Stunden hallten die Donner fürchterlich wieder: die Blitze durchkreuzten die Luft – und nun wieder so schön! so still! Es kommt auch eine Zeit, wo unser Leben so ungetrübt und rein sein wird. Soll uns nicht dieses Vorbild sein?

Im Juni 89, den 27. Es ist eine sonderbare Empfindung, vergangene Gefühle sich in die Seele zurückzubringen, und wenn man dann bemerkt, wie unsere Art zu sein wandelt, wie Vorstellungen in unserer Seele wechseln. Der menschliche Geist ist so reich in sich selbst! Wie viel verschiedene Ideen kann er aufnehmen. Ich lernte manches, seit ich nicht zu euch sprach, ihr Blätter, ihr sollt mir ein Denkmal meiner Gefühle sein und mir vergangene Freuden oder Schmerzen zurückrufen. Oft stürmte es indessen in mir. Zauberwelten öffneten sich meinem Blicke, und oft wieder hinab versenkt in tiefes Elend, wo kein Ausweg sich zeigte, als der Tod, ward mein Herz. Hingerissen von süßen Gefühlen schwebte ich von einem Momente zum andern. Doch davon will ich schweigen.

Den 14. Dezember. Stiller, schweigender Abend mit deinem Nebelschleier, der die Berge halb umhüllt, vom Monde beleuchtet, rufe mir frohe Gefühle ins Herz! Der Mensch lebt nicht, sich immer zu freuen. Er muß früh fühlen lernen, daß es Übel gibt, sie tragen lernen und die Harmonie in der Schöpfung nicht verkennen, die doch alles erhält, auch wenn wir sie in manchen Momenten nicht fühlen. – – –

Den 10. April 1805 .... Mich selbst prüfen möchte ich nicht in diesen Blättern; mein Herz wird mich vor Abwegen schützen! Ideen, die in mir aufkommen, entweder niederschreiben oder, indem ich über sie nachdenke, mir sie klarer zu machen suchen – dies soll der Zweck sein.

Je länger man in der Welt lebt, je näher man die Menschen beleuchtet, je mehr flüchtet man sich in sein eigenes Herz zurück. Welche Zwecke, welche Neigungen leiten die, die wir beobachten! Falsches Streben nach unerreichbaren Dingen ist beinahe die ganze Existenz mancher Naturen. Wo ist der Friede zu finden, wenn er nicht in uns ist?

Je gebildeter die Natur, je näher den Abwegen. Kein Mittelweg führt zu dem Genuß einer ruhigen Existenz. Haben wir das Schicksal beschworen, so entsteht in uns selbst der Kummer. Immer das Unerreichbare zu erringen strebt die

Natur. Immer in jeder Lage, in jedem Moment des Lebens ist nur Hoffnung nach etwas Besserem, für etwas Besseres der einzige Stab, auf den wir unsere wankende Existenz stützen. Soll dieses ewige Streben nach dem Besseren zwecklos sein? Soll es nicht dem Geist die Deutung geben, daß es einen Ort gibt, wo endlich alles Hoffen erfüllt wird?

Man wird gleichgültig gegen alles, was ehemals Bewunderung erweckte, wenn man die Quelle untersucht, aus der unser Glück oder Unglück entsprang. Wer urteilt über uns, wessen Meinung kann uns heilig sein, wenn wir die kümmerlichen Behelfe der Naturen sehen, die uns richten, deren Urteil zum Wohl unserer Existenz beitrug?

Schwimmen sie nicht alle wie wir in dem Strom des Lebens fort? Haben sie nicht auch Neigungen, Meinungen, die wir nicht zu respektieren Ursache haben?

Wer selbst nicht weiß, was er meint, was er will, wie kann der uns zum Maßstab unseres Verhaltens dienen? Wo ist ein Mensch, der dies ausspricht, daß er die Norm unseres Betragens sein könne?

Wer von euch rein ist, hebe den ersten Stein! sagt Christus, und wer kann dies nicht bei allen, zu allen in der Welt sagen, die sich anmaßt zu richten?

Den 4. August 1805. Liebe Kinder! Das Leben ist so ungewiß, und der Tod überrascht uns oft in unserer Laufbahn, wenn wir es nicht ahnten. Wer weiß, ob ich, wenn ihr in das Alter kommen werdet, wo ihr den Geist eures ewig geliebten Vaters besser fassen werdet als jetzt, noch unter euch bin. Meine Liebe zu ihm soll euch sein Bild entwerfen; denn niemand kannte ihn wie ich, kannte den ganzen Reichtum seines Herzens. Er sprach wenig von den Gefühlen, die er uns bewahrte; aber sein heiterer Blick, seine Äußerungen der Liebe gegen euch ließen mich oft tiefer in das liebende Herz schauen, als eine lange Folge von Handlungen bei andern Menschen es würde verraten haben. Lernt von ihm euch selbst überwinden! Er war oft so leidend, fühlte tief, wie schmerzlich es sei, das Leben unter dem Gefühl der Krankheit zu tragen, und doch gewöhnte sich sein Geist endlich über das körperliche Gefühl zu siegen. Er ergriff mutig jeden Anlaß, seinen Geist zu beschäftigen, und sobald er das drückende Gefühl des Schmerzes überwinden konnte, erriet man aus seinen Gesprächen nicht seine Leiden. Immer tätig, strebte sein Geist rastlos nach Wahrheit. Sein Leben war ein Bestreben, sich zu vervollkommnen. Selbst seine vollendetste Arbeit genügte seinem Geist oft nicht; er hatte immer den Willen in sich, noch vollkommner zu werden. Aber er verzagte nicht kleinlich mutlos an seiner Kraft, sondern war mit sich nicht uneins. Es gab keinen Menschen, der, ohne stolz zu sein, so erhaben über das Urteil der Welt war. Das

Lob anderer munterte ihn nur insoferne auf, als es ihn freute, verstanden zu werden. Aber kein Lob konnte ihn bewegen, etwas in seine Arbeiten aufzunehmen, was er nicht für vollkommen gut gehalten hätte.

Er hatte alles sich selbst zu danken. Lasset euch sein Beispiel lehren, wie viel ein Mensch über sich vermag.

Februar 1806. Es ist ebenso unmöglich Schillers Bild zu entwerfen, als wie einen Naturgegenstand, als das Meer und den Rheinfall zu malen. – Groß und schön wie ein höheres Wesen stand er da; sein Herz, seine Liebe umfing die Welt, die er erblickte; aber die Welt kam seinem Geiste nicht nahe. Sie erschien ihm nur in dem Spiegel seiner reinen Seele wieder. Er war einfach und liebenswürdig in seiner Erscheinung, klug und bedeutend immer; kein fades Wort sprach sein Mund aus. Seine Unterhaltung war immer tief; er erschuf alles in seinem Gemüt mit größerem Reichtum, als es andern erscheinen kann. Jedes Gespräch war beinahe eine neue Schöpfung seines Geistes. Man wurde emporgetragen über die Welt und die Dinge und kam sich selbst auf einem höheren Standpunkt stehend vor. Er war duldsam gegen jede Geistesverirrung; nur Leerheit und nichtige Anmaßung war ihm zuwider; jeder falsche Anspruch war ihm zur Last; deswegen mag ihn mancher Mensch anders gefunden haben, als er ihn erwartete, weil er diesen Naturen unzugangbar war. Reine, vorurteilsfreie Naturen, die das, was sie fühlten, rein aussprachen, die mit Wahrheit und Innigkeit ihren Zweck verfolgten, diese ehrte er, sie mochten noch so entfernt ihm sein, und suchte mit Liebe und Teilnahme ihnen behülflich zu sein. Es war als sei er allmächtig, und man fühlte, sobald er mit dem Kummer des Gemüts bekannt sei, so könnte sein kräftiger Geist auch Hülfe schaffen. Man hätte ihm alles frei gestehen können, selbst ein Verbrechen.

Er war stolz, aber nicht auf kleinliche Vorzüge, sondern er fühlte nur, was er sei, was er leiste. Für kleine Schmeicheleien, für Lob war er nicht empfänglich; er freute sich nur, wenn er anerkannt wurde, weil er gern Menschen fand, die ihn verstanden. Er wußte immer, was er leisten wollte, und daher vertraute er auch seiner eigenen Kraft, die ihn zum Ziele führen würde. Er hat sich nach niemand gebildet, sondern ist sich immer selbst gefolgt. Zwei Geister, die große Kräfte haben, müssen sich in ihrer Bahn begegnen, aber keiner braucht den andern in seinen Kreis hinein zu zwingen. Nur Menschen, die den Reichtum solcher Naturen nicht zu fassen vermögen, können behaupten, Schiller habe sich nach Goethe gebildet. Ein vereinigtes Streben großer Kräfte kann mehr Wirkungen hervorbringen, aber zwei solche genialische Naturen können sich nicht nacheinander bilden.

Wenn man Goethes und Schillers Gespräche

hörte, so bewunderte man immer an Goethe den Reichtum, die Tiefe und die Kraft seiner Natur; aber an Schiller immer die hohe geistige Kraft, die Resultate der Natur in eine geistige Form zu bringen.

Welche Macht sein Geist über den Körper gewann, zeigt seine Kränklichkeit, sein langes Leiden. Er vergaß aber stets durch die Tätigkeit seines Geistes den Körper; oft wenn er gelitten was kein anderer ertragen hätte, fand man ihn heiter, ruhig, und durch seine Reflexionen über fremde Gegenstände gelang es ihm, sich zu vergessen; durch seine Liebe für seine Geliebten, seine Kinder vermochte er oft seinen Schmerz zu lindern; in der frohen Unbefangenheit seiner Kinder vergaß er oft, welchen Schmerz seine Brust bewahrte. In seiner Liebe war er edel und fein, zart und teilnehmend, und doch fest und selbständig; immer mutvoll, wenn er zum Handeln kam. – Man möchte wohl sagen, daß Jahrtausende dazu gehören, um einen Geist wie den zu wiederholen.

Wo wirkt er jetzt? Welche neue Welt braucht solche Geister?

Den 15. Februar 1806. Mir träumte, ich säße mit meiner Mutter und sähe alle Papiere durch; da fand ich Brieftaschen, worin etwas Geschriebenes an Schiller gerichtet lag. Ich weinte so heftig darüber und fühlte, daß ich schluchzte im Traum. Über diesen Traum sagte ich im Traum etwas von Goethe aus dem Lied an Mignon her:

Kaum will mir die Nacht noch frommen;
Denn die Träume selber kommen
Nur in trauriger Gestalt.
Immer fühl' ich dieser Schmerzen
Still im Herzen
Heimlich nagende Gewalt.

22. Februar 1806. An einem Montag den 22. Februar 1790 wurden wir in Wenigen-Jena vom Diakonus Schmidt getraut.

Schiller kam einige Tage vorher nach Erfurt, wo ich und Karoline war, uns abzuholen. Wir kamen Sonntags abend nach Jena, wo wir bei Fräulein Seegner abstiegen. Den Montag früh fuhren wir drei zusammen nach Kahla, wo wir meine Mutter abholten. Es war ein Frühlingstag wie heute 1806, wo ich dieses mit Schmerzen niederschreibe! Von Kahla fuhren wir gegen zwei Uhr ab und kamen um fünf Uhr ganz in der Stille in Wenigen-Jena an; stiegen an der Kirche aus; niemand war bei der Trauung zugegen als meine Mutter und Karoline.

Den Abend brachten wir still und ruhig miteinander in Gesprächen zu beim Tee.

So verging der Tag, der so viele Freuden in seinem Gefolge hatte und so viele Schmerzen.

Jeglichen Menschen erwartet sein Tag,
Auch meiner wird kommen!

16. Dezember 1806 .... Ich träumte einst in den ersten Zeiten meiner Bekanntschaft mit ihm, ich säße in einer Hütte auf einer hölzernen Bank, vor mir eine Tür, durch die ich auf eine himmlische Gegend hinunter sah, und an seinem Herzen über Welt und Zeit erhaben. So war dieser Traum eine Deutung meines Lebens; ich konnte über alle Bedürfnisse hinwegblicken in den Stunden, wo sein Geist zu mir sprach, und fühlte in den ersten Jahren unserer Verbindung wie in den letzten das gleiche Glück. Mit mehr Bewußtsein meiner selbst in späteren, denn ich hatte mich durch ihn gebildet, empfänglicher gefunden und genoß reiner den Anblick seines Geistes. Zuweilen begegnete es mir, daß er Dinge sagte, die ich eben gedacht hatte oder sagen wollte, und ich fand froh diese Übereinstimmung, weil sie mir zeigte, wie ich mir durch das Leben mit ihm, durch das Verfolgen seines Geistes seine Ideen angeeignet hatte.

April 1807. So sehr ich wünsche, daß meine Kinder einst an jedem Ort der Welt sich durch das Gefühl einheimisch finden mögen, ihre Pflicht zu tun und ihr treu zu bleiben, wo sie auch das Schicksal hinstellt; so wünschte ich, daß, die einst ihrem Herzen und Vertrauen am nächsten sein werden, wenn ich nicht mehr bin, ihnen eine heilige Ehrfurcht und Liebe für ihr Vaterland gern erhalten und sie an diese Wünsche meines Herzens mahnen mögen. Auch der Ort, der die heiligen Überreste ihres geliebten Vaters verwahrt, sei ihrem Herzen immer am heiligsten; die frühen Bande, die den Menschen an seine ersten Verhältnisse knüpfen, sind ohnehin die heiligsten. Der, der sich gewöhnt, seine Wünsche schnell von einem Ort zum andern zu leiten, der nicht das süße Gefühl in sich bewahrt, einem Boden anzugehören, der wird leichtsinnig neue Verhältnisse suchen, neue Freunde, und wird sich isoliert fühlen in einer Zeit, wo er nicht mehr durch der Jugend Phantasien und Erinnerungen der ihm fremd werdenden Welt angehört und angehören kann. Auch sind meine Kinder mehr wie jeder andere Mensch den frühen Verhältnissen ihrer Jugend Dankbarkeit und Ehrfurcht schuldig. Wenn sie ihre Eltern lieben, wie jene sie liebten, so wird ihnen der Umkreis von den wenigen Meilen, wo diese sich fanden und liebten, immer ein geheiligter Platz seyn. Es haften jetzt schreckenvolle Erinnerungen an den äußeren Gegenständen, und der Tod hat auf fürchterliche Weise Denkmale aufgerichtet in dem glücklichen Tal, wo wir liebten und lebten. Aber es sei dieser Platz den Herzen meiner geliebten Kinder immer heilig, und gern mögen sie sich einst, wenn das Schicksal sie auch nicht ungekränkt entläßt, zu dem Ruheplatz ihrer Eltern flüchten.

Wenn einst die Welt euch herzlos, kalt verstößt,
So flüchtet, Liebe, zu dem stillen Grab,
Dort rufet eurer Eltern Gottheit an,
Denn Götter sind wir dann und schützen euch.

Wohl uns, wenn dieser Gedanke prophetisch ausgesprochen; wenn wir uns vollkommen und selig einst über unserer Gruft begegnen; wenn mein Geist durch seine Liebe vermag dir nachzuschwingen, ewiger geliebter Geist! Ich kann dir nicht fern bleiben und sein, wenn ich leben soll im höhern Leben.

1807, April ... Wenn man sich kultivierte Nationen denkt, die in ruhigen Zeiten nach der höchsten Verfeinerung streben, und sie plötzlich in den schreckenvollen Kriegszustand versetzt sieht, da ist aller Glaube an moralische Steigerung der Vollkommenheit plötzlich vernichtet. Wenn Mensch gegen Mensch steht, wenn er sein Leben verteidigt, sein Individuum retten will, wird er sich alle Grausamkeiten gegen den, der ihn anfällt, erlauben; er wird wie ein Raubtier nur sein eigenes Wesen retten wollen.

Solange Kriege möglich sind, solange es einzelne wagen können, an ihrem Vorteil das Glück ihrer Völker zu wagen; wenn kein Herrscher fühlt, daß das Glück des ruhigen Bewohners seines Eigentums mehr wert ist als ein schreckenvoller Ruhm der Siege: solange sind wir immer nur auf einer eingebildeten Höhe. Wenn fremde Menschen für einen elenden Lohn für ihren erkauften Herrn streiten, wenn Verbrecher, denen nichts mehr heilig ist in der Welt, dadurch wieder Mitglieder der Gesellschaft werden, daß sie Soldaten werden, solange wird ein Krieg immer das schrecklichste Phänomen in der moralischen Welt sein. Ein losgebundener Zustand, ein Leben, wo nur rohe Kraftäußerung etwas gilt, wie kann der Menschen bilden und zur Moralität zurückführen?

Den 17. Oktober 1808. Wie der Glaube an Gott, an seine wirkende Kraft uns immer lebendiger macht, je länger wir auf dem Schauplatz stehen und die Welt beobachten, so wächst auch der Glaube an eine höhere reifere Existenz nach diesem Leben. Sollten wir nur vor den Wundern der Natur als müßige Zuschauer stehen? Nichts ist befriedigend in unserer jetzigen Existenz. Ein Schleier umhüllt unsern Eintritt ins Leben; so geheimnisvoll, als sich der werdende Mensch bildet im Schoße der Mutter, so wundersam seine Geburt, so wundersam erscheint ihm die Welt und die Dinge um ihn herum; so wundersam verlischt auch die Flamme des Lebens, und dieser Schritt in die Dunkelheit sollte uns nicht in das Licht führen, wie unsere Geburt uns ins Leben führt? — Nein, nein! sagt Karl Moor. Es ist noch etwas mehr; ich bin noch nicht glücklich gewesen; du ewiger geliebter Geist, weißt es nun! dir ist der Schleier zerrissen, der diese Welt von der andern scheidet. Du bist der Schutzgeist deiner Lieben, du liebtest uns nicht für ein Leben allein.

Erde mag zurück zur Erde stäuben,
Flieht der Geist doch aus dem morschen Haus;
Seine Asche mag der Sturmwind treiben,
Seine Liebe dauert ewig aus.

25. Dezember 1809. Das Weihnachtsfest ist eines der größten für die Menschheit. Es ist der Bund des Unsichtbaren mit dem Sichtbaren, denn der Glaube an das Höchste wird dadurch verwirklicht. So stellte uns Gott das höchste Vorbild der göttlichen Natur, die in der menschlichen sich ausspricht, auf. So sollen wir ringen, seinem Sohne uns nachzubilden, um zu werden wie Er, und durch dieses Streben des Lebens mit Ihm in der Unendlichkeit würdig zu werden. Das ist das Fest, das den Glauben an die unmittelbare Hilfe und Nähe der Gottheit uns offenbarte. Durch Christus kommen wir zum Vater, nur wenn wir leben, leiden, fühlen wie Er, hoffen auf Gott wie Er in den Stunden seines Todes, sollen wir die Seligkeit erlangen. Von den kleinsten menschlichen Begebenheiten an führt uns Seine Geburt, Sein Leben, Sein Tod.

Den 11. März 1815. Der Unsegen, den der verderbliche Einfluß Frankreichs auf die deutsche Nation brachte, wird noch lange die Gemüter verunreinigen, wenn auch schon längst die Spuren des unheilvollen Krieges verschwunden sein werden.

Diese kalte, egoistische Nation hat wie ein Mehltau ihre Ansichten in die Seelen gehaucht und gelehrt, daß der Mensch sich selbst in seinem Willen und Wünschen seine Welt ist, um sich es wohl machen zu können, alles fremde Interesse zum Opfer zu bringen fähig sein muß.

Die Deutschen, die lange gewohnt sind einen fremden Einfluß aufzunehmen, die so lange unter diesen Fesseln schmachteten, haben leider diesen Egoismus, weil er ihrer Natur wohl machte, in sich aufgenommen; sie haben es sich überredet; denn ohne eigene Überzeugung handeln sie nicht leicht, obgleich es nicht die Überzeugung des Guten ist.

Diese Geschmeidigkeit, fremde Vorstellungen sich aneignen zu können, ist aus dem Reichtum ihrer Einbildungskraft entstanden und ist, gut angewendet, eine höchst verehrliche Eigenschaft. Aber in dem innern Streit der Meinungen, in dem Streben nach Gewalt, ohne Opfer bringen zu wollen, liegt das Unheil der Zeit und der Mangel an Empfänglichkeit für das Große, welches ausgeübt werden sollte. Auch der Glaube ist zerstört, den die witzigen Nachbarn für Schwärmerei halten. Die Liebe hat der Anblick so vieles Bösen zerstört. Die Freiheit ist unterdrückt worden, die Wahrheit mit einem Schleier umhüllt.

Daher so viele für das Gute empfängliche Gemüter Haß, Neid, Streit suchen, weil sie nicht groß genug sind, um freien Sinnes das Gute zu ergreifen. Sie glauben lieber, daß das Gute nicht da sei, ehe sie es in ihren ungleichartigen Herzen aufsuchen. Sie wähnen sich mit ihren Gefühlen das Opfer der Zeit, während sie das Edelste, Beste aufsuchen sollten und das Heilige suchen und glauben, damit es komme.

Wer es glaubt, dem ist das Heilige nahe.

Dieser Trost muß dem Herzen bleiben, wenn es sich in den schönsten Hoffnungen und Erscheinungen getäuscht sieht!" — — —

In dem Nachlaß Charlottens haben sich dann noch einige Aufsätze gefunden, die über den Rahmen bloß tagebuchartiger Aufzeichnungen hinausgehen. Der ausführlichste davon ist überschrieben: „Erinnerungen an Wieland, Herder, Goethe, Schiller." Es sind die vier Männer, die sie in Weimar täglich vor Augen hatte und deren Entwicklung und Wirken jedem Mitglied der weimarischen Gesellschaft interessant war. „Was in einem kleinen, wenig umfassenden Kreis erschaffen werden kann, zeigt uns die Epoche der weimarischen Welt an." Sie faßt ihre Aufgabe historisch, beginnt mit Wielands Übersiedlung nach Weimar, indem sie zugleich die große Bedeutung der Herzogin-Mutter würdigt. Der Reiz dieser Erörterungen liegt darin, daß sie Augenzeugin des Berichteten gewesen ist, und daß sie darum manche Entwicklungseinflüsse mit erkannt hat, die dem fernerstehenden, bloß literarhistorischen Berichterstatter leicht verborgen bleiben, so z. B. die Einwirkung, die auf Wieland von seinem eigenen häuslichen Kreise geübt worden ist, insbesondere von seiner Frau, der „guten schwäbischen Jungfrau". Wirklich feinsinnig sind Charlottens Bemerkungen über Herder und Goethe. Sie sucht aus dem Lebensgange die Deutung ihrer Charaktere. Herders schwere

Jugend ist ihr der Schlüssel zu seinem Wesen, zu manchen seiner späteren Lieblingsneigungen. „Weil er fühlte, wie viel Schwierigkeiten er selbst zu überwinden hatte, war das Schulwesen ihm ein wichtiges Geschäft.“ Aber sie deutet sich auch wieder aus seinem, durch frühen Kampf und schwere Widerstände hindurchgegangenen Wesen, daß die Erfolge auf keinem Gebiete seinen idealistischen Anforderungen entsprachen. Sie hat einen feinen Sinn für die Natur Herders, die darum nicht glücklich geworden ist, weil sie das Glück immer in etwas Fernem, etwas anderem suchte. Charlottens tiefste Überzeugung war, daß, wenn es überhaupt ein dauerndes Glück geben kann, es in der resignierenden Abfindung mit den gegenwärtigen Verhältnissen bestehe. „Herders Sehnsucht nach ausgebreiteter Wirksamkeit, nach einer Lehrstelle auf einer Universität wurde nicht erfüllt, und vielleicht sehr zu seinem eigenen Frieden.“ Mit feinem Verständnis zeichnet sie die Stellung Herders zu den Frauen des Hofes, Anna Amalia und Luise, sowie sie auch Worte schönster Würdigung für das eigenartige Wesen von Karoline Herder findet.

Den breitesten Raum nimmt ihre Würdigung Goethes ein. Wir spüren es dieser Darstellung auf Schritt und Tritt an, wie vertraut sie mit den Einzelheiten von Goethes innerer Entwicklung, mit den Wandlungen seiner Anschauungs- und Stimmungswelt ist. Wie fein weiß sie die völlig umgestaltende Wirkung, die die italienische Reise auf Goethe hervorbrachte, zu schildern! Wie sicher findet sie die Hemmungen heraus, die Goethes Entwicklung durch manche äußeren Verhältnisse, aber auch durch gewisse Erscheinungen seines eigenen Innern erfuhr! Auch über die einzelnen Werke Goethes, insbesondere die Iphigenie, die Charlotten nach ihrer ganzen Natur am sympathischsten sein mußte, macht sie treffende Bemerkungen. An allen Werken interessiert sie immer nur das Menschliche, nie das Technische, der ethische, selten bloß der ästhetische Gehalt.

Charakteristisch ist folgende Stelle aus der Beurteilung der Eugenia in der „Natürlichen Tochter": „Daß sie bei der Aufführung nicht den Effekt macht, wie ein Stück mit lebendig fortgehender Handlung, da nur Reflexion und Empfindung erscheint, wird auch den Dichter selbst nicht befremdet haben; denn er weiß zu gut, wohin er den größeren Teil der Zuhörer hinstellen soll, und was von dem Urteil der Menge zu halten ist. Aber auch selbst Gelehrte, denen die Griechen befreundet sind, die Geschmack und Bildung über ihr Zeitalter wegführen sollte, haben Stellen getadelt, die die höchste reinste Schönheit haben, wie

Das Leben ist des Lebens Pfand, es ruht
Nur auf sich selbst.

Wer sich erst fragen muß, ob er eine solche

Stelle recht fühle, der beurteile keine poetischen Werke."

Die Schlußbemerkung dieses Aufsatzes über die Glanzzeit Weimars, die sie ja selbst als täglich Schauende und Handelnde miterlebt hatte, ist sehr merkwürdig; wir sehen die Schatten in dem lichten Bilde schweben:

„Die Zusammenwirkung so reich begabter Menschen war von unendlichem Einfluß; und wenn die Umgebungen, teils zu sehr mit sich und ihrem kleinlichen Leben beschäftigt, allen Vorteil aus diesem reichen Blütenkranz hätten ziehen können, so wäre dieses enge von der trüben Ilm durchflossene Tal der reichste Fleck der Welt geworden.

Die Klasse von Menschen, die Goethe in Wilhelm Meister Anempfindler nennt, die so viel Sinn haben, das Gute zu erkennen, doch nicht das Schlechte abzuwehren, die, wenn der Dichter sie auf die Höhen der Menschheit erhebt, mit eigenen Schwingen zu schweben sich dünken: diese Klasse machte eine der Hauptumgebungen aus. Wie eine reich gestaltete Blume, die Krone und Blätter im schönsten Ebenmaß erzeugt; wo es nicht Bedingung ist, daß eine Blume zugrunde gehen muß, damit der übrige Teil sich reicher ausbilden könne: so stand alles bunt nebeneinander. Wenn ein kleiner ausgebildeter Kreis sich still sammelte, um ein entstandenes Kunstwerk zu vernehmen, wenn der Dichter in dem engen Kreis seine Welt sich suchen mußte, so waren die andern des weiteren Kreises mit Weltbelustigungen zufrieden und hielten es mehr für Gewinn, in einem leeren Gespräch sich zu ergötzen, als stille Zuhörer zu sein, die von den Götterbildern nur die Namen kannten, denen in der Stille die Besseren huldigten. Eine durchgehende Bildung war für die Gesellschaft, die einesteils das Hofleben ergriffen hatte, andernteils ihre Pflichten für das öffentliche Leben abtragen mußte, unmöglich. Aber verwundern mußte es den Beobachter doch, wie groß der Abstand der Gesellschaft untereinander war, und wie jeder, der beide Gesellschaften zufällig teilte, in zwei verschiedenen Elementen zu leben genötigt war."

VIII.

Der Ausgang.

Allmählich lichtete sich der Kreis. Die wehmütigen Empfindungen des Alters, der Vereinsamung stiegen in ihr auf. Im Jahre 1816 starb die Prinzessin Karoline. Der 80jährigen Mutter drückte Charlotte 1823 die müden Augen zu; ein großes Stück ihres Lebens ging mit der trefflichen Frau dahin, und rührend sind die Äußerungen ihres Schmerzes. Die Schwester Karoline, die im Jahre 1809 ihren zweiten Gemahl Wilhelm von Wolzogen verloren hatte, war seitdem kränklich, hochgradig nervös, von einer beständigen Unruhe gequält; das einstige schöne Verhältnis war dadurch etwas getrübt, und die Schwestern waren sich nicht mehr das, was sie einander gewesen waren.

Auch Krankheit trübte ihre Lebensfreude. Ein Leberleiden zwang sie zu langwierigen Kuren. Dazwischen entflieht sie wohl einmal auf längere Zeit dem weimarischen Gesellschaftsleben und nimmt in Jena Aufenthalt oder geht nach Süddeutschland zu ihrem Sohne Karl, zuletzt zu dessen Hochzeit im Jahre 1825. Am schmerzlichsten war für sie und alle die ihr nahestanden, das Abnehmen des Augenlichtes; sie konnte schon seit dem Jahre 1824 nur noch mit Mühe schreiben und so gut wie gar nicht mehr lesen. Sie faßte daher den Entschuß, zu ihrem Sohne Ernst zu reisen und sich in Bonn von einem berühmten Augenarzt operieren zu lassen. Dies geschah. Die Operation glückte vollständig. Aber am Abend desselben Tages wurde sie von heftigen Schmerzen im Kopfe ergriffen. Fieber und Ohnmachten traten dazu. In Phantasien sah sie Wälder und Blumen, die schöne Natur, die ihr im Leben so lieb gewesen war, in den lichten Augenblicken erkannte sie den Sohn und die Seinen, die am Krankenbette wachten. Am 9. Juli 1826 setzte ein sanfter Tod diesem hoffnungslosen Zustande ein Ende.

Ihre Leiche wurde auf dem alten Friedhof zu Bonn beigesetzt. In demselben Grabe ruht seit 1841 auch ihr Sohn Ernst. Über ihrem Namen – „die Witwe Friedrichs von Schiller, geborene Charlotte von Lengefeld“ – stehen die Verse aus Schillers „Genius“:

Muß ich ihn wandeln, den nächtlichen Weg? Mir graut, ich bekenn' es!
Wandeln will ich ihn doch, führt er zu Wahrheit und Recht!

Charlotte von Lengefeld hat gutes Anrecht auf ein ehrenvolles Gedächtnis bei ihrem Volke, denn sie hat eine hohe Ansicht von dem geistigen und sittlichen Berufe der Frau in sich verkörpert; und sie ist die würdige Weggenossin unseres großen Dichters gewesen.

Zeitfracht Medien GmbH
Ferdinand-Jühlke-Straße 7
99095 Erfurt, Deutschland
produktsicherheit@kolibri360.de